우리들의
방과 후
주식회사

우리들의 방과 후 주식회사

이와오 슌페이 지음 | 김윤수 옮김

라임

도서관 한구석의 이상한 책

눈앞에 지폐와 동전이 수북하게 쌓여 있었다. 하루 동안, 아니 불과 몇 시간 만에 모은 돈이었다. 물론 나쁜 짓을 해서 모은 건 아니었다. 남의 돈을 훔친 건 더더욱 아니고. 우리가 키운 채소를 팔아서 정정당당하게 벌어들인 돈이었다. 며칠 전까지만 해도 상상조차 하지 못했던 일이 일어난 것이다!

"와, 정말 눈 깜짝할 새였어."

히로토는 생각지도 못한 큰돈에 깜짝 놀라 말했다. 옆에서 돈을 세던 린이 혼잣말처럼 중얼거렸다.

"이거, 다 합하면 얼마나 될까?"

어릴 적에 히로토는 자신이 어느 나라의 왕자라고 굳게 믿었다. 그래서 언젠가는 전설의 검을 가진 사자가 자신을 마중 나올 거라고 상상했다. 어린 시절에는 누구나 그렇듯, 산타클로스와도 얼마든지 친구가 될 수 있다고도 생각했다.

그러다 중학교에 입학할 무렵에야 비로소 현실을 제대로 깨달았다.

'나는 아주 평범해. 그런데 뭐, 평범한 게 어때서? 어차피 왕자는 맘 편히 감자칩도 못 먹을 테고, 산타클로스랑은 말도 안 통할 거잖아.'

히로토는 그렇게 애써 스스로를 달랬다. 언젠가부터 히로토에게 도전과 모험은 그저 게임이나 만화 속 이야기에 불과했다. 그런데 놀랍게도 오늘 거짓말처럼 꿈이 이루어진 것이다!

"이 돈이면 중고 카메라 정도는 거뜬히 사겠는데!"

히로토는 사진 동아리 소속이어서, 제대로 된 카메라를 한 대 갖고 싶긴 했다. 뭐, 그렇다고 이 돈으로 진짜 카메라를 사겠다는 건 아니었다.

"안 돼, 이건 우리 모두의 돈이잖아."

린이 볼멘소리를 하자 히로토가 시무룩한 목소리로 대꾸했다.

"알아, 나도⋯⋯."

"그런데 히로토, 어쩌다 채소 가게 열 생각을 했어?"

"음, 그 책에 그런 게 나오거든."

"그 책?"

히로토는 책가방에서 《십 대를 위한 경영 노트》를 꺼냈다. 표지가 누렇게 바랜 데다 모서리도 군데군데 닳아 있었다.

린은 그 책을 받아 책장을 휘리릭 넘기다가, 〈제품과 서비스〉 꼭지에서 손을 멈추었다. 공책을 북 찢은 듯한 종잇조각이 끼워져 있었다.

(책 속의 책)⎯⎯○⎯⎯○

편의점에 가면 500밀리리터 생수 한 병이 1,000원쯤 한다. 그렇다면 2리터짜리는 얼마일까? 흔히 양이 네 배면 가격도 네 배라고 생각하기 쉽다. 하지만 절대로 그렇지 않다. 정답부터 말하면, 2리터짜리 생수도 약 1,000원에 판매한다. 왜 그럴까? 양이 적으면 그만큼 가격도 싸야 할 것 같지만, 500밀 리리터 생수 병은 '들고 다니기 편하다'는 장점이 있다.

그러면 편의점이나 슈퍼마켓이 아닌 자동판매기에서 살 때는 어떨까? 내용물과 용량이 똑같아도 자동판매기에서는 두 배가량 더 비싸다. 자동판 매기의 음료는 '그 자리에서 간편하게 구매할 수 있다'는 장점이 있기 때문 이다.

순간 린의 얼굴에 미소가 번졌다.
"히로토, 정말로 이걸 읽고 나서 그 일을 계획했던 거야?"
"응, 맞아."
히로토가 헤벌쭉 웃었다. '그 일'이란 지난 주말에 히로토가 벌였던 첫 사업을 가리켰다. 린이랑 의견 차이가 심해서 금방 그만두긴 했지만.
어쨌거나 이 모든 건 히로토가 도서관에서 《십 대를 위한 경영 노트》를 발견하면서부터 시작되었다.

☆ 《십 대를 위한 경영 노트》가 뭐야?

그 책을 발견한 건 정말로 우연이었다. 그날 히로토는 카메라에 관한 책을 찾아보기 위해 학교 도서관에 들렀다. 사진 동아리 활동이 끝난 직후였다. 동아리 활동이라고 해 봐야 일주일에 한 번씩 모여서 스마트폰으로 예쁜 풍경이나 귀여운 사진을 찍는 게 전부였다.

학교 근처에 있는 카메라 가게 사장님이 자문을 맡고 있었다. 그 사장님을 '자문 아저씨'라고 불렀는데, 매번 사진이나 카메라에 관한 설교를 잔뜩 늘어놓아서 지루함의 극치를 경험하게 했다.

지난번에는 자문 아저씨가 동아리 시간에 의기양양한 표정으로 이런 질문을 던졌다.

"얘들아, 오늘이 무슨 날인지 아니? 바로 세계 사진의 날이야. 8월 19일이 왜 사진의 날인지 아는 사람?"

당연히 답을 아는 아이는 아무도 없었다.

"그래, 잘 모르겠지. 근데 사진 동아리라면 이런 건 상식 중의 상식 아니겠니? 전 세계 사진가들이 사진을 통해 서로 소통하고, 사진의 예술성과 기술을 기념하기 위해 만든 날이야. 1813년, 최초의 사진이 촬영된 날을 기념일로 삼은 거지. 그렇다면 세계 사진의 날을 어떻게 기념하면 좋을까? 첫 번째, 사진 찍기. 두 번째, 사진 공유하기. 세 번째, 사진 전시회 관람하기. 네 번째, 사진 관련 책 읽기. 이 가운데 뭐든 해 보도록 해."

그러고는 그 사진사가 어떤 분이었는지, 근대사에 얼마큼 영향을 끼쳤는지, 그때는 어떤 카메라를 사용했는지 등등 한참을 더 떠들어 댔다. 아이들은 한숨을 푹푹 내쉬며 마지못해 그 이야기를 듣고 있었다. 마지막엔 어김없이 자기 가게의 카메라 자랑으로 끝을 맺었다.

"이 카메라는 과학 기술의 결정체라고 할 수 있어. 너희들 용돈 삼 년치를 다 모아도 절대 못 살걸. 하하하!"

자문 아저씨가 큰 소리로 웃으며 카메라를 자랑스레 들어 보였다. 아이들은 아저씨의 너스레에 몸서리를 치면서도 그 카메라로 쏠리는 시선만큼은 어쩌지를 못했다.

아저씨는 매번 다른 카메라를 가지고 왔다. 그 아저씨 가게에는 값으로 매기기 어려운 골동품에서 따끈따끈한 최신 기종까지 수백 대의 카메라가 있다고 했다. 정말이지 재수 없는 아저씨였다.

순간 히로토는 자문 아저씨의 코를 납작하게 해 주고 싶다는 생각이 들었다. 그러자면 카메라에 관한 책이라도 읽어야겠다는 생각에 학교 도서관으로 향했다.

도서관이 가까워지자 노랫소리가 나직하게 들려왔다. 모나카를 좋아하는 강아지 로봇 '모나카 몬'이 등장하는 인기 애니메이션의 엔딩곡이었다.

"모~모, 모, 모~모, 모나카 몬~!"

아오이 목소리가 분명했다. 아오이는 도서 부원이어서 동아리 시간 외에도 틈틈이 사서 선생님을 도왔다. 아니, 돕는다는 표현은 딱 맞지 않았다. 아오이는 항상 놀기만 했으니까.

도서관 문을 열자 역시나 아오이가 대출대에 앉아 있었다. 다른 사람은 보이지 않았다. 도서 부원은 대출대에 있는 컴퓨터를 자유롭게 사용할 수 있었다. 책에는 전혀 흥미가 없는 아오이가 도서 부원이 된 이유도 그 때문이었다.

아오이는 아이돌이 꿈이라서 틈만 나면 노래를 흥얼거렸다. 지금도 컴퓨터로 동영상을 보면서 노래를 부르는 중이었다. 게다가 자신이 노래하는 영상을 찍어서 유튜브에 업로드하는 게 취미였다. 언젠가 히로토가 동영상을 보여 달라고 한 적이 있었는데, 아오이는 부끄럽다며 끝끝내 보여 주지 않았다. 눈에 띄고 싶어 하면서도 굳이 감추는 건 또 무슨 심보인지 도대체 알 수가 없었다.

아오이가 히로토를 발견하고는 유튜브를 끄며 멋쩍게 웃었다.

"앗, 히로토! 안녕."

"응, 안녕."

히로토는 아오이에게 가볍게 손을 흔든 뒤 곧장 서가 쪽으로 걸어갔다. 도서관을 자주 방문하는 히로토에게 원하는 책을 찾는 건 식은 죽 먹기나 다름없었다. 하지만 여기저기 흩어져 있는 카메라 관련 책을 전부 찾아내는 건 보통 일이 아니었다. 한 권, 두 권, 세 권……. 그러다 시선이 잘 가지 않는 구석 자리에서 낡은 도감을 하나 발견했다. 이어서 그 옆에 꽂혀 있는 연갈색의 얇은 책이 눈에 들어왔다.

그런데 이상하게도 책등에 제목이 없었다. 누군가 몰래 숨겨 놓은 비밀 도서를 찾은 것만 같은 기분이 들어서 홀린 듯 그 책을 끄집어내었다.

앞쪽을 보니, 제목이 《십 대를 위한 경영 노트》였다. 표지가 누렇게 바랜 데다 모서리가 군데군데 닳아 있었다. 제목 밑에는 '2학년 2반 이와모토 도시히로'라고 삐뚤빼뚤하게 적혀 있었다.

이 사람이 이 책의 주인인가? 아니면 이 책을 직접 쓴 사람? 궁금증이 커져서 책장을 넘겨 보았다. '들어가는 말'이 "세상은 비즈니스로 넘쳐난다."는 글로 시작되었다.

책 속의 책 ─○─○

로스 카츠와 카레를 플라스틱 용기에 그럴싸하게 담는다. 그러면 많은 사람이 좋아하는 '로스 카츠 카레 도시락'이 된다. 이 로스 카츠 카레 도시락은 로스 카츠와 카레, 그리고 플라스틱 용기를 구입하는 데 든 비용보다 더 높은 가격을 받고 팔 수 있다. 이것이 바로 '비즈니스', 즉 사업이다.

순간 머릿속에 돈가스 카레라이스가 떠올랐다. 히로토는 돈가스 카레라이스를 무척 좋아했다. 이 요리를 맨 처음 고안해 낸 사람을 천재라고 생각할 정도였다. 어느 날 엄마가 슈퍼마켓에서 돈가스를 사 와 카레라이스에 얹어 준 적이 있었다. 돈가스와 카레가 만나자 따로 먹었을 때보다 훨씬 더 맛이 좋았다.

책장을 다시 넘겼다. 히로토가 여태껏 들어 보지 못한 말들이 줄줄이 눈에 들어왔다. 대부분 낯선 용어였다. 그 아래에는 사례를 들어서 쉽게 풀이해 놓았다.

시간이 얼마나 흘렀을까? 허리가 아파서 등을 곧추세웠다. 그러고 보니 내내 서서 고개를 푹 숙인 채 책을 읽고 있었다. 히로토는 책 읽기를 멈추고 골라 놓은 책들을 빌리기 위해 아오이가 앉아 있는 대출대로 향했다.

아오이가 카메라 관련 책들을 바코드 리더기로 차례차례 찍고 나서, 마지막 책을 집어 들더니 곤란한 표정을 지었다.

"어, 히로토. 이거, 도서관에 있던 거 맞아?"

"응, 방금 저기서 찾은 건데? 저쪽에 꽂혀 있었어."

히로토는 손으로 한쪽 구석을 가리켰다.

"도서관 스티커도 안 붙어 있고, 바코드도 아예 없는데?"

"그럼 어떡해? 못 빌려?"

"글쎄, 여기 이와모토라는 사람한테 물어봐야 하지 않을까?"

아오이가 책 표지에 적혀 있는 이름을 손으로 짚으며 말했다.

"아, 그렇구나. 지금 수업 다 끝났는데…….'

"일단 그냥 가져가. 그리고 내일 2학년 2반에 가서 확인해 보든지."

"그래도 돼? 고마워."

히로토는 책을 한 아름 그러안고서 사진 동아리방으로 갔다. 계단을 뛰다시피 해서 3층까지 빠르게 올라갔다. 동아리방에는 아직도 아이들이 남아서 와자지껄하게 수다를 떨고 있었다.

"앗, 히로토! 그거 다 카메라 책이야? 엄청 많다."

유마였다. 시원하게 밀어 버린 머리와 새까맣게 그을린 팔뚝으로 무더운 8월이라는 사실을 새삼 상기시켜 주었다. 유마는 언제나 반팔 셔츠를 고집했다. 심지어 겨울에도 반팔옷에 반바지 차림으로 학교를 다녔다.

어느 날 히로토가 그 이유를 물었더니, 유마는 쾌활하게 웃으며 이렇게 대답했다.

"반팔만 입고 다니면 비가 와도 젖지 않잖아. 친구들 눈에도 잘 띄고."

유마는 골목대장 같은 캐릭터였다. 초등학교 때는 야구부에서 투수를 맡았는데도, 히로토를 따라 야구 동아리 대신 사진 동아리에 들어왔다.

"응, 좀 많아."

히로토는 유마에게 이렇게 대꾸하면서 자리에 앉았다. 《십 대를 위한 경영 노트》의 첫장을 넘겼다.

책 속의 책 ○──○──○

세상은 비즈니스로 넘쳐난다. 자신이 생각한 일을 추진할 때도 비즈니스는 반드시 필요하다. 비즈니스가 성공하려면 경영을 잘해야 한다. 그리고 경영을 잘하면 돈을 많이 벌 수 있다. 이 세상에서 돈이 전부는 아니지만, 우리가 살아가는 데 돈은 아주 중요하다. 꿈이나 행복처럼 돈으로 사지 못하는 것도 있지만, 돈이 있으면 과자나 축구공, 최신 게임을 살 수 있다.

맞아. 돈, 중요하지. 히로토는 고개를 끄덕였다. 돈이 있으면 자문 아저씨가 깜짝 놀라 자빠질 만큼 비싼 카메라도 살 수 있을 테니까.

텔레비전, 소파, 테이블, 프라이팬, 전자레인지, 꽃병, 과자 등 주변에서 흔히 볼 수 있는 물건들은 보통 기업에서 상품으로 만들어 낸 것이다. 바꿔 말하면, 세상의 모든 물건은 어떤 천재가 혼자서 뚝딱 만들어 낸 것이 아니라는 뜻이다. 많은 사람과 많은 물건, 많은 돈, 많은 정보, 많은 지식이 모여서 우리 집까지 오게 되는 것이다.

그것을 가능하게 하는 것이 바로 '비즈니스', 즉 사업이다.

히로토는 왠지 '비즈니스'라는 단어에 확 끌렸다. 평소와 다를 바 없는 날이었지만, 히로토에게는 아주 조금 다른 하루가 흘러가고 있었다.

☆ 헉, 그런 학생이 없다고?

다음 날, 히로토는 급식을 먹자마자 2학년 2반 교실로 달려갔다. 이와모토 도시히로라는 선배와 잘 이야기해서 《십 대를 위한 경영 노트》를 정식으로 빌리고 싶었다. 그 책의 주인이 어떤 사람인지 궁금하기도 했다.

2학년 교실은 2층에 있었다. 학교 건물은 'ㄷ'자 형으로 운동장을 에워싸고 있었는데, 1층이 1학년 교실, 2층이 2학년 교실, 3층이 3학년 교실이었다. 마침 교실에 담임 선생님처럼 보이는 분이 있었다.

"선생님……."

히로토가 인기척을 내자, 검은 테 안경을 낀 선생님이 문 쪽으로 다가왔다.

"무슨 일이지?"

"안녕하세요? 저는 1학년 1반 학생인데요. 그게……, 이 책 때문에요. 이와모토 선배를 만나고 싶어서요. 혹시 지금 교실에 있을까요?"

히로토는 쭈뼛대며 말을 마쳤다. 긴장과 설렘이 교차했다. 그런데 선생님의 대답은 기대에서 완전히 빗나갔다.

"이와모토? 이와모토는 여기 없는데?"

"예? 아, 오늘 학교에 안 왔나요?"

"아니, 그게 아니라 우리 반에 이와모토라는 학생이 없다고. 처음 듣는 이름인데……."

선생님이 고개를 갸웃했다. 히로토는 무척 당황했다.

"예? 저, 선생님. 이걸 보시면……."

"흠."

선생님이 《십 대를 위한 경영 노트》를 받아 들었다.

"도서관에서 발견했는데요. 학교에 등록된 책이 아니래요. 근데 여기에 적힌 이와모토 선배가 주인인 것 같아서요."

"졸업생인가? 최근 졸업생 중에 이와모토라는 학생이 있었나? 이와모토 도시히로……. 들어 본 것 같기도 하고, 아닌 것 같기도 하고."

히로토는 슬슬 불안해졌다.

"이 책, 혹시 도서관에 반납해야 할까요?"

선생님은 잠시 생각에 잠겼다.

"도서관에 오래 있었던 책인 것 같은데……, 어떡해야 하나?"

"조금만 더 읽어 보고 싶어서요……."

"뭐, 잃어버리지만 않는다면야 좀 봐도 괜찮지 않을까?"

"정말요? 감사합니다!"

선생님 말씀이 끝나기가 무섭게 히로토는 꾸벅 인사를 한 뒤, 후다닥 계단으로 달려갔다.

얼마 뒤 히로토가 교실에 들어서자 유마가 다가와 소리쳤다.

"야, 히로토! 어디 갔다 왔냐? 캐치볼 안 하고!"

"아, 미안, 미안. 2학년 교실에 볼일이 좀 있어서."

"2학년?"

유마가 큰 소리로 되물었다.

"야! 거기, 너희 둘! 시끄러워!"

린이었다. 린은 우리 반 회장이었다. 순간 히로토는 가슴이 철렁했다. 지나치게 성실한 린이 불편해서였다. 사실 좋게 말해 성실한 거지, 융통성이라곤 병아리 눈물만큼도 없는 아이였다. 린하고 입씨름해 봤자 절대로 이길 수 없었다.

"아, 미안. 너무 시끄러웠지?"

그때 눈치 없이 유마가 나섰다.

"아, 뭐냐, 린! 아직 점심시간이야. 좀 내버려둬."

"밥 다 먹었으면 다음 수업을 준비해야지."

"헐, 뭐라고?"

유마가 인상을 팍 썼다. 걱정스런 마음에 히로토가 슬쩍 끼어들었다.

"야, 참아."

"네, 네. 조용히 합지요, 조용히 한다고요."

유마가 빈정거리며 뒤로 돌아섰다.

때마침 수업 시작종이 울렸다. 다행이랄까? 히로토와 유마는 허둥지둥 제자리로 돌아갔다.

5교시는 수학이었다. 린은 우리 반에서 수학을 가장 잘했다.

수학 선생님은 수업 중에 떠들지만 않으면 멍하니 앉아 있든, 꾸벅꾸벅 졸든 혼내지 않았다. 다만 시끄럽게 떠들거나 말을 듣지 않으면 버럭 화를 내었다. 그러니까 수학 시간에는 《십 대를 위한 경영 노트》를 읽어도 괜찮다는 얘기다.

그렇다고 당당하게 책을 꺼내 읽을 수는 없었다. 혹시라도 짝이 이 책에 흥미를 느끼고 말이라도 걸면, 수업을 방해하는 꼴이 되어 버려서 선생님의 분노 스위치를 자극할 수도 있었다.

히로토는 주변 눈치를 슬슬 살피면서 필통과 교과서로 담을 쌓은 다음, 살그머니 책장을 펼쳤다.

  용돈 기입장에 매달 받는 용돈의 사용 내역을 기록한 경험이 한 번쯤 있을 것이다. 그런데 사흘쯤 지나면? 용돈 기입장에 일일이 다 적기가 슬슬 귀찮아진다.

  그렇더라도 용돈 기입장을 계속 작성하면 돈을 어디에 어떻게 사용했는지 한눈에 알 수 있어서 용돈을 아껴 쓰고 싶은 마음이 생긴다. 돈을 어디에 얼마큼 썼는지 모르면, 물건을 어느 정도의 가격으로 팔아야 이득이 생기는지도 알지 못한다. 그래서 비즈니스를 할 때는 반드시 돈의 출납을 기록해야 한다.

  히로토 역시 용돈 기입장을 쓰다가 작심삼일로 끝나 버린 적이 있었다. 그때가 떠올라 표정이 절로 일그러졌다. 그러다 불현듯 이런 생각이 들었다. 어쩌면 나도 비즈니스라는 걸 해 볼 수 있지 않을까? 슈퍼마켓에서 음료를 사다가 자동판매기 옆에서 팔면 돈을 왕창 벌 것 같은데.

  그러면서도 한편으로는 비즈니스가 그렇게 쉬울 리 없다는 생각이 들었다. 그리 간단한 거라면 너도나도 달려들었을 테니까.

  히로토는 '나도 할 수 있어!'와 '내가 할 수 있을까?' 사이를 한참 동안 갈팡질팡했다. 만약 시도했다가 실패하면? 그래도 그리 손해 보는 일은 아닐 듯했다. 아니야, 역시 창피한 일이야······. 하지만, 하지만······.

  히로토는 공책을 북 찢어서 책갈피에 끼워 두었다.

어느새 6교시 수업이 끝났다. 내일은 토요일이라 학교에 가지 않아도 되었다.

'내가 정말 사업을 할 수 있을까? 어쩌면 갖고 싶은 카메라를 살 만큼 돈을 벌 수 있을지도?'

《십 대를 위한 경영 노트》를 읽고 있으면 뭔가 해 볼 수 있을 것 같은 용기가 자꾸만 샘솟았다. 그렇지 않아도 평범하디 평범한 일상으로 한없이 지루하던 참이었다. 일단 오늘 준비를 하고 내일 시도를 해 보자. 딱 하루만 해 보는 거야.

히로토는 한 걸음 앞으로 내디뎌 보기로 결심했다. 그래서 종례가 끝나자마자 집으로 냅다 뛰어갔다. 유마가 무언가 말을 걸면서 붙잡았지만 히로토에게는 하나도 들리지 않았다.

집에 도착하자마자 세뱃돈부터 꺼냈다. 음료를 사려면 돈이 필요했다. 지난 설날에 받은 세뱃돈 가운데 절반은 엄마가 저금을 했고, 절반은 히로토가 쿠키 통에 모아 두었다. 통 안에는 오만 원짜리 지폐 석 장과 만 원짜리 지폐 넉 장이 들어 있었다.

히로토는 만 원짜리 지폐 한 장을 꺼내서 곧바로 집을 나섰다.

"히로토, 또 나가니?"

엄마가 현관에서 불러 세웠다.

"살 게 있어서."

"밥도 안 먹고?"

"금방 올 거야."

히로토는 집 근처 슈퍼마켓으로 뛰어갔다. 안으로 들어서자 생필품과 채소, 그리고 각종 물품들이 가지런히 진열되어 있었다. '특별 할인', '오늘 단 하루만 폭탄 세일', '우리 동네 최저가'라는 글자가 매장 곳곳에서 춤을 추고 있었다.

히로토가 찾는 음료가 바로 눈에 띄었다. 500밀리리터짜리 페트병 콜라는 1,500원, 같은 용량의 이온 음료는 1,200원이었다. 그리고 '500원'이라 적힌 팻말 뒤쪽으로 보리차가 산더미처럼 쌓여 있었다.

"와, 대박!"

아무래도 보리차가 제일 나을 것 같았다. 바구니에 페트병 보리차를 스무 개 담은 뒤 계산대로 향했다. 이걸로 내일 돈을 벌 수 있다고 생각하니까 괜히 마음이 자꾸 설레었다.

그런데 잠깐! 자동판매기처럼 계속 차갑게 팔려면 어떻게 해야 하지? 예전에 캠핑 갈 때 아빠가 수박을 차갑게 유지하기 위해 얼음과 물을 아이스박스에 가득 넣어 갔던 일이 떠올랐다. 하지만 온종일 팔아야 한다면 그런 방법으로는 어림없을 것 같았다.

히로토는 어떻게 하면 보리차를 계속 시원하게 유지할 수 있을지 궁리하느라 그날 밤 내내 잠을 설쳤다.

　토요일 아침이 되었다. 창 너머로 보이는 날씨가 꽤 쾌청했다. 보리차를 팔기에 딱 좋은 날씨였다. 히로토는 곧장 주방으로 가서 냉동실 문을 열어 보았다. 다행히 페트병 보리차가 밤새 꽁꽁 얼어 있었다.

　'오, 내 머리도 꽤 쓸 만한데?'

　얼음 대신으로 쓰기 위해 어젯밤에 절반만 냉동실에 넣어 두었다. 그래야 부피를 줄일 수 있으니까. 그리고 시원한 물은 집이 아니라 근처 공원에서 받을 생각이었다.

　히로토는 창고에 있는 커다란 양동이 두 개에 페트병을 나누어 담고는 들뜬 마음으로 집 근처 전철역으로 걸어갔다. 개찰구 쪽에 자동판매기 석 대가 나란히 서 있었다. 아주 큰 역은 아니지만 공원과 편의점, 분식집, 미용실, 경찰서, 소방서 등 다양한 편의 시설이 모여 있었다. 린의 부모님이 운영하는 청과물 가게도 있었다.

　히로토는 먼저 공원으로 가서 양동이에 물을 받았다. 꽁꽁 언 보리차에 물줄기가 쏟아지면서 촤촤 소리가 났다. 이제 자동판매기 옆에서 페트병 보리차를 팔기만 하면 되었다. 그런데 여기서 음료를 팔려면 먼저 역무원한테 허락을 받아야 할 것 같았다.

　히로토는 역무실 창가로 다가갔다.

　"저기, 실례합니다."

잠시 후 역무원이 모습을 드러냈다.

"무엇을 도와 드릴까요?"

"안녕하세요? 제가 여기서 음료 사업을 좀 하고 싶은데요. 아, 우선 이거 하나 드세요."

히로토는 보리차 한 병을 내밀었다. 역무원이 의아한 얼굴로 되물었다.

"사업? 중학생인가요?"

"네, 1학년입니다."

역무원의 시선이 히로토가 들고 있는 양동이로 향했다.

"흠, 이걸로 뭘 하려고요?"

"여기서 보리차를 팔고 싶어서요. 한번 드셔 보세요. 지금 시원해서 딱 좋아요."

"규정상 이런 걸 받으면 안 돼요……. 파는 것도 안 됩니다."

역무원이 난감한 표정을 지으며 히로토에게 보리차를 도로 내밀었다.

"네? 음료를 못 팔아요?"

히로토는 가슴이 쿵 내려앉았다.

"여기가 공공 기관이라는 건 알죠? 전철역에서 개인이 물건 파는 걸 허가할 수 없어요."

"네……."

히로토가 실망스런 표정을 짓자 역무원이 이렇게 덧붙였다.

"조금 더 찾아보면 괜찮다는 곳도 있지 않을까요?"

그 말에 히로토는 잠깐 생각에 잠겼다가 되물었다.

"전철역만 아니면 괜찮을까요?"

"그게……, 땅 주인이 허락하면 상관없지 않나 싶어서."

이대로 포기하기에는 아쉬운 마음이 컸다. 《십 대를 위한 경영 노트》를 읽지 않았다면 이런 걸 시도해 볼 생각조차 하지 않았을 테지만, 어쨌거나 보리차를 스무 병이나 사 놓은 터였다.

이제 남은 문제는 하나였다. 물건을 팔 수 있는 곳을 찾는 것!

순간 한 군데가 떠올랐다. 바로 히로토의 단골 미용실 '보이즈 클럽'이었다. 보이즈 클럽은 횡단보도를 끼고 오른쪽으로 돌면 전철역 맞은편에 있었다. 큰길에 접해 있어서 오가는 사람도 많았다.

히로토는 양동이를 들고 보이즈 클럽으로 뛰어갔다.

"안녕하세요, 원장님!"

"오, 히로토 왔구나. 그게 다 뭐니?"

"저기, 드릴 말씀이 있어요……."

히로토는 조심스럽게 보리차 사업에 대해 설명했다. 다행히 원장님은 고개를 끄덕이면서 히로토의 말에 귀 기울여 주었다.

"그러니까 우리 가게 앞에서 보리차를 팔겠다는 거지? 그래, 해 봐."

히로토의 표정이 순식간에 밝아졌다.

"정말요? 이야, 감사합니다."

드디어 첫 사업을 시작할 수 있게 되었다!

오 이 랑 토 마 토 팔 아 요 !

☆ 만 원 투자해서 이만 원 벌기

히로토는 오가는 사람들을 향해 큰 소리로 외쳤다.

"차가운 보리차 있습니다!"

잠시 후, 인자해 보이는 은발의 할머니가 다리를 절뚝이며 다가왔다.

"보리차구나. 얼마에 파는 거니?"

"앗! 그러고 보니 가격을 안 정했네요."

히로토는 재빨리 옆에 있는 자동판매기를 힐끔 보았다. 보리차 밑에 '1,400원'이란 가격표가 붙어 있었다. 순간 그것보다는 싸게 팔아야겠다는 생각이 들었다.

"1,000원 어떠세요?"

"좋아, 하나 주렴."

할머니는 히로토에게 1,000원을 건네고 보리차를 받아 그 자리에서 마셨다.

"어머나, 시원하고 맛있구나."

"감사합니다."

히로토는 천 원짜리 지폐를 손에 꽉 쥐었다. 내 힘으로 번 돈이라니! 부모님께 용돈으로 받은 것보다 더 묵직하게 느껴졌다.

그 뒤로 "콜라는 없어?" 하고 묻는 사람, 히로토를 지나쳐 자동판매기 앞으로 가는 사람, 이것저것 실컷 말을 걸어 놓고선 그냥 가 버리는 사람 등등 다양한 경우가 생겨났다. 거스름돈까지는 미처 생각하지 못했기에 단위가 큰 지폐를 내미는 사람한테는 팔지 못하기도 했다.

그래도 시작치고는 제법 괜찮았다. 고등학생 다섯 명이 지나가다가 각자 한 병씩 사 가는 행운도 있었다. 다행히 해가 저물기 전까지 보리차를 전부 팔았다.

500원에 산 페트병 보리차를 그 두 배인 1,000원에 팔았다. 모두 스무 병이었으니까 10,000원을 더 번 셈이었다. 그보다 더 즐거운 건 히로토가 낸 사업 아이디어가 실제로 실현되었다는 거였다. 첫 발걸음을 잘 내디딘 기분이랄까? 겨우 오늘 하루였지만 뭔가 어엿한 사업가가 된 것만 같아서 괜스레 우쭐해졌다. 앞으로 주말마다 여기 와서 보리차를 팔까?

히로토는 텅 빈 양동이를 양손에 들고 흔들면서 신나게 집으로 달렸다.

그때였다.

"히로토잖아?"

히로토는 린의 목소리를 듣고 멈칫했다. 린은 육상부 연습을 마치고 오는 길인지 체육복 차림이었다.

"린, 오랜만? 아, 아니구나. 안녕?"

"응, 안녕. 근데 여기서 뭐 해?"

히로토는 괜히 긴장이 되었다.

"어? 그게, 아니, 아무것도 아니야. 너는?"

"여기, 우리 집 앞인데?"

"아! 그렇지."

공교롭게도 청과물 가게 앞이었다.

"가게 앞에서 양동이를 그렇게 휘두르면 어떡하니?"

"어? 아아, 이거? 안 할게, 미안."

"그리고 달릴 때는 앞을 똑바로 봐야지."

"알았어, 그냥 가볍게 뛴 거야. 하하."

"변명은……. 그게 그거지."

이럴 땐 그냥 도망치는 게 상책이다.

"하하. 그래, 앞으로는 조심할게. 간다."

히로토는 이렇게 말하고는 앞으로 냅다 뛰었다. 집으로 가는 길에 슈퍼마켓에 또 들렀다. 보리차 사업을 계속하려면 음료를 또 사야 했다.

내일은 콜라, 이온 음료, 캔 커피 등 더 다양한 종류를 갖추기로 했다. 다른 음료가 있으면 더 일찍 완판할 수 있을 테니까. 결국 히로토는 오늘 번 돈을 내일을 위한 투자에 전부 사용했다.

다음 날, 히로토는 해가 중천에 떴을 때에야 집을 나섰다.

"시원한 보리차, 주스, 커피 있어요! 취향껏 골라 드세요!"

얼마 안 가 음료가 한 병 두 병 팔리기 시작했다. 그리고 삼십 분 정도 지났을까? 멀리서 린이 다가오는 모습이 보였다. 왠지 예감이 좋지 않았다. 히로토는 음료를 숨길 만한 데를 찾으려고 주변을 두리번거렸다.

"음, 뭔가 수상한데."

"아니, 그게 아니라……."

"너, 어제도 여기 있었지? 발뺌할 생각 하지 마."

더는 도망칠 방법이 없었다. 히로토는 '음료 사업'에 대해 차근차근 설명했다. 잠시 후 린이 대뜸 이렇게 말했다.

"그거 사기잖아."

역시나! 린다운 반응이었다. 린은 규칙을 벗어나는 일이라면 모조리 나쁘다고 생각했다.

"사기? 아니야, 이건 비즈니스야! 사업이라고."

"야, 생각해 봐! 500원짜리를 사서 1,000원에 되파는 거잖아."

"아니, 그건 보리차만 그런 거고 600원이나 800원짜리 음료도 있어."

"어쨌거나 남을 속인다는 거지."

"아니야, 달라. 다르다고! 이건 엄연히 사업이라니까."

"나는 그런 거 몰라. 내일 선생님께 말씀드릴 거야!"

"야, 그런 게 어디 있어? 네 맘대로!"

"다시는 안 한다고 약속해. 그럼 말씀 안 드릴게."

히로토는 뭔가 성가시게 되었다는 생각이 들어서 일단 뒤로 물러섰다.

"알았어, 알았다고. 이제 안 할 테니까 한 번만 봐줘."

그렇게 히로토의 꿈은 이틀 만에 산산조각이 나 버렸다. 남은 건 처치 곤란해진 음료뿐이었다.

"쳇, 그럼 어제 다 봤다고 미리 알려 주기라도 하든지."

히로토는 이렇게 중얼거리며 힘없이 집으로 돌아왔다. 그러고는 습관 처럼 《십 대를 위한 경영 노트》를 펼쳤는데, '리더십' 꼭지가 눈에 쑥 들어 왔다.

(책 속의 책)━━━━━○━━━━○

상대에게 뭔가를 부여하면서 근사한 꿈을 보여 주어야 한다.

"흠."

갑자기 피로감이 훅 밀려들었다. 채 일 분도 안 지나서 그대로 곯아떨 어졌다.

☆ 원하는 걸 서로 교환한다고?

월요일 아침이 되었지만, 히로토는 계속 졸음이 쏟아졌다. 어제 잠깐 일어나 저녁을 먹은 후 《십 대를 위한 경영 노트》를 반복해서 읽은 탓이었 다. 첫 사업은 결국 실패했지만, 책을 읽다 보니 다시 희망이 슬금슬금 피

어울렸다. 린에게 사업을 같이하자고 하면 찬성할지도 몰라.

히로토는 하품을 쩍 하고는 책가방을 챙겨 들었다. 책가방에는 《십 대를 위한 경영 노트》 한 권뿐이었다. 교과서는 학교 사물함이랑 서랍에 넣어 두고 다녔다.

교실에 들어서자마자 유마가 말을 걸어왔다.

"이제 오냐, 히로토? 주말에 뭐 했어?"

"어어, 이것저것. 《십 대를 위한 경영 노트》 책도 읽고."

"책이라니? 쉬는 날에?"

"응, 그런 게 있어. 으~하암."

히로토는 하품을 늘어지게 하면서 설명하기 귀찮다는 투로 대답했다.

"아, 네가 책을 읽었다고 하니까 생각난 건데……. 울 엄마가 자꾸 수학 문제집을 사 오는 거 있지?"

"그래, 교육열 좀 높으신 것 같더라."

빡빡머리에 늘 반팔 티셔츠 차림인 천방지축 유마와 달리, 유마 엄마는 학부모 교실이나 참관 수업에 꼬박꼬박 참석하는 걸로 보아 교육열이 꽤 높은 듯했다. 지난번 공개 수업 때는 새빨간 뿔테 안경에 정장 차림을 하고 있어서 유난히 눈에 띄었다.

"맞아. 근데 나, 수학 엄청 싫어하는데 어떡하냐? 그거 안 풀었다고 맨날 혼나."

유마가 갑자기 목소리를 낮추었다.

"그냥 몰래 다 버릴까 봐."

진담인지 농담인지 구분이 되지 않는 말이었다. 그때 린이 불쑥 끼어들었다.

"나는 수학 문제집 좋아하는데."

순간 히로토의 표정이 어두워졌다. 하지만 곧 애써 미소를 지었다.

"그, 그렇구나. 하하."

히로토는 웬만하면 모두와 사이좋게 지내고 싶었다. 당연히 린하고도 무난히 지낼 수 있을 거라고 생각했다. 어제 일을 어떻게든 무사히 넘기기만 한다면.

하지만 유마는 생각이 다른 듯, 날선 목소리로 쏘아붙였다.

"너, 뭐냐? 우리 얘기, 엿듣고 있었어?"

"네 목소리가 좀 커야 말이지. 아까부터 철없는 소리나 해 대고."

"뭐가?"

"수학 문제집 버린다고 했잖아."

"아니, 버리고 싶어도 못 버려. 엄마가 다 풀었는지 확인하니까."

"아아, 아까워. 나는 용돈 아껴서 문제집 사는데."

"헐, 문제집 사는 데 용돈을 쓰는 인간이 있다니!"

유마는 어이없다는 듯 혀를 끌끌 찼다. 히로토는 둘의 대화를 듣다가 문득 한 가지 아이디어가 떠올랐다. 어쩌면 린과 친해질 수 있는 계기가 될지도 몰랐다.

"저기, 너희 둘 말이야."

유마와 린이 동시에 히로토를 쳐다보았다.

"왜?"

"유마는 수학 문제집이 많지만 풀고 싶지 않잖아. 근데 안 풀면 엄마한테 혼나고……."

"뭐, 그렇지?"

"린은 수학 문제집을 다 풀고 나면 더 이상 필요 없고?"

"응, 다 푼 건 그렇지."

"그럼 유마의 수학 문제집을 린이 풀고, 유마는 그걸로 엄마한테 확인받으면 되잖아. 그러면 둘 다 행복해질 것 같은데?"

그러자 유마가 목소리를 높였다.

"오, 대박! 그러자, 린. 제발!"

"잠깐만, 내가 왜 너를 도와줘야 하는데?"

린이 삐딱선을 탔다.

"좋은 아이디어라고 생각했는데, 그게 좀 그런가……."

린이 발끈하자 유마가 뒷머리를 긁적였다.

"아니, 내가 언제 안 한다고 했어?"

린이 새침하게 말하며 피식 웃었다. 유마는 너무너무 기쁜 나머지, 제자리에서 팔짝 뛰어올랐다.

"와! 그럼 할 거야?"

"너를 도와주는 건 별로 내키지 않지만, 나한테도 그리 나쁜 제안은 아닌 것 같아서."

"절대로 딴소리하면 안 된다? 린 님, 잘 부탁드립니다! 그럼 내일부터 학교에 수학 문제집 갖고 올게."

휴, 간신히 거래가 성립되었다. 히로토는 《십 대를 위한 경영 노트》에서 읽었던 '수요와 공급' 꼭지의 한 대목을 떠올렸다.

(책 속의 책)━━○━━○

학교 운동장에 깔려 있는 모래를 사겠다는 사람이 있을까? 아마도 없을 것이다. 하지만 유리를 만들 수 있는 리비아 사막의 모래라면? 분명히 갖고 싶어 하는 사람이 나타날 것이다.

유마에게 수학 문제집은 그저 운동장의 평범한 모래였다. 하지만 린에게는 리비아 사막의 모래나 다름없었다. 유마에게 필요 없는 것과 린이 원하는 것이 딱 맞아떨어졌다. 서로가 원하는 것을 교환하면 둘 다 행복해질 수 있다.

"와! 이제 실컷 놀 수 있다!"

유마가 환호성을 질렀다. 그 모습을 보며 히로토가 린에게 나직이 말했다.

"린, 이게 바로 어제 내가 말한 비즈니스라는 거야. 모두가 행복해지는 거래…….”

히로토는 이참에 린의 오해를 풀고 싶었다. 비즈니스란 것이 린이 생각하는 것처럼 사기나 교활한 셈이 아니고, 아주 재미있고 즐거운 것일 뿐 아니라 모두가 행복해지는 방법이라는 걸 알게 해 주고 싶었다.

“너, 아직 정신 덜 차렸구나.”

“이게 바로 ‘수요와 공급’이라고…….”

하지만 린은 조금도 흥미를 보이지 않았다.

“그게 뭐든 간에, 우리 반 애들한테 문제 안 생기도록 해.”

히로토는 괜스레 머리를 긁적였다. 때마침 수업종이 울렸다.

☆ 우리, 이 채소 팔아 볼래?

어느새 수업이 끝나고, 종례 시간이 되었다. 선생님이 전달 사항을 말했다.

“너희가 키우는 오이와 토마토 말인데, 열매가 꽤 많이 열렸어. 오늘 집에 가기 전에 꼭 따 가기 바란다.”

아이들이 “우아!” 하며 함성을 질렀다. 1학년 아이들은 기술·가정 시간에 학교 운동장 모퉁이의 텃밭에서 오이와 토마토를 키웠다.

“조용, 조용! 어떻게 따는지는 다들 알고 있지? 아, 회장 말 잘 듣고.”

"네!"

"수확한 다음에는 다 같이 나눠 가져가고."

선생님이 종례를 마치고 밖으로 나가자 아이들이 운동장으로 우르르 달려 나갔다. 린은 아이들을 둘러보며 이렇게 제안했다.

"남자애들은 오이를 맡아 줘. 우리는 토마토를 딸게."

"응, 알았어."

모두 린의 말을 순순히 따랐다. 토마토와 오이를 전부 따는 데 삼십 분도 채 걸리지 않았다. 준비한 장바구니 열 개가 금세 다 찼다.

린이 다시 아이들에게 말했다.

"이제 각자 나눌까? 이 정도면 오이와 토마토를 일인당 세 개씩은 가져갈 수 있을 것 같은데."

아이들은 내키지 않는 듯 서로를 멀뚱멀뚱 쳐다보았다. 그러더니 여기저기서 한 마디씩 툭툭 던졌다.

"나는 됐어."

"나도. 아니, 토마토 하나만 가져갈게."

"그냥 필요한 애들이 다 가져가."

"나, 학원 늦었다. 먼저 가도 되지?"

린은 난처한 표정을 지었다.

"잠깐만! 다들 왜 그래?"

유마가 용기를 내어 말했다.

"나는 채소를 별로 안 좋아해."

그러자 그 말에 동의한다는 목소리가 잇따라 흘러나왔다. 채소를 키우는 건 그럭저럭 재미있었지만, 그걸 먹는 건 다른 문제라나? 하긴, 채소를 싫어해서 급식을 남기는 아이들도 있으니까.

"나는 채소 좋은데⋯⋯."

린이 볼멘소리로 종알댔다.

"그럼 네가 전부 가져가."

누군가 말했다.

"우리 모두 같이 길렀잖아. 한 사람도 빠짐없이 다 가져가야 해."

린이 말하자 누군가 대꾸했다.

"에이, 싫어. 굳이 가져가야 한다면 집에 가는 길에 버리지, 뭐."

"뭐? 무슨 말을 그렇게 해!"

린이 화가 나서 소리쳤다. 막 따서 싱싱한 오이와 토마토가 운동장 한 구석에 방치되어 있었다. 아무도 채소에는 관심이 없고, 그저 핑계를 늘어놓기에만 바빴다. 부모님이 청과물 가게를 운영하는 린의 입장에서는 도저히 용납할 수 없는 상황이었다.

히로토는 《십 대를 위한 경영 노트》를 떠올리며 잠시 생각에 잠겼다. 수요와 공급, 물건을 원하지 않는 사람과 필요로 하는 사람⋯⋯. 어쩌면 여기 말고 다른 곳에는 오이와 토마토를 원하는 사람이 있을 수도 있잖아. 린네 가게를 찾는 손님들처럼.

히로토는 아이들을 향해 조심스럽게 입을 떼었다.

"있잖아! 이거, 이대로 두기에는 아깝잖아."

"그럼 네가 다 가져가."

유마가 말했다.

"아니, 그게 아니라……. 얘들아, 이거 팔지 않을래?"

히로토는 지난 이틀간의 경험으로 얼마든지 잘 팔 자신이 있었다. 심지어 보리차를 팔았을 때는 벌이가 꽤 괜찮기까지 했다. 린도 이번만큼은 찬성해 주기를 바랐다. 그때 누군가 물었다.

"이걸 내다 판다고?"

"응, 오늘 딱 하루만 채소 가게를 여는 거야. 번 돈은 나중에 서로 나누고. 이참에 용돈도 벌고…… 좋잖아."

히로토 말에 아이들의 시선이 채소 바구니로 향했다. 조금 전까지만 해도 필요 없다며 천대받던 채소들이 이제 고민의 대상으로 떠올랐다.

"린, 어때? 네 생각에도 나쁘지 않지?"

"응, 나쁘진 않지."

아이들이 갑자기 웅성거리기 시작했다. 저마다 나눔 장터에 뭔가를 내놓은 경험들이 있기는 했다. 다만 그때는 선생님이나 부모님 같은 어른들이 도움을 주었다. 이걸 우리끼리 판다고? 대체 어디에서 팔아야 하는 거지? 많은 생각이 아이들의 머릿속을 오갔다.

"뭐, 용돈이 생긴다는 건 기쁘지만……."

"그러게, 정말로 팔린다면야."

아이들이 의구심이 섞인 말을 내뱉었다.

"팔 수 있어. 내가 지난 토요일에 비슷한 걸 해 봤거든. 500원짜리 보리 차를 1,000원에 팔았다고!"

"와, 대박!"

아이들이 금세 흥미진진한 표정을 지었다. 그러자 린이 히로토에게 눈을 슬쩍 흘겼다.

"야, 근데 그건 사기지."

"그게 아니라고 몇 번을 말해? 엄연히 비즈니스였다고."

"여하튼 채소를 파는 건 좋은 생각인 것 같아. 우리가 직접 키운 채소여서 사기도 아니고."

린의 말에 아이들이 다 같이 환호했다.

"와!"

히로토는 그제야 조금 당당해지는 기분이 들었다. 아오이가 물었다.

"근데 어디서 팔아?"

히로토가 대답했다.

"다들 알잖아. 린네 집, 청과물 가게 하는 거."

아이들이 여기저기서 "아, 맞다." 하면서 맞장구를 쳤다.

"설마……, 우리 가게에서 팔자고?"

"응, 가게 앞에서 팔면 좋을 것 같은데?"

"음, 엄마 아빠께 말씀드려 볼게. 아마 안 된다고 하시진 않을 거야."

린에게도 히로토의 설렘이 서서히 전염되고 있었다. 린이라고 해서 매사에 반대만 하고 싶은 건 아니었다. 정말로 괜찮다는 생각이 들면 새로운 일에 얼마든지 도전할 수 있는 것 아닌가.

린은 곧바로 움직여야겠다는 생각이 들었다.

"혹시 우리 가게까지 같이 가 줄 사람 있어? 히로토는 당연히 갈 거고. 또 없니?"

아무도 손을 들지 않았다.

"린, 그냥 나랑 둘이 가자."

"나야 상관없는데……, 괜찮을까?"

린이 오이와 토마토를 흘깃 보며 말했다. 그러자 유마가 손을 번쩍 들었다.

"히로토가 간곡하게 부탁한다면, 내가 같이 가 줄 용의가 있어."

"고마워, 유마. 오이랑 토마토 옮기는 것 좀 도와줘. 꽤 무거워서."

"오케이! 그쯤이야! 나, 무거운 거 잘 들어. 힘 빼면 시체지."

히로토는 홀가분한 마음으로 손뼉을 짝짝 두 번 쳤다. 아이들의 시선이 자연스럽게 집중되었다.

"자, 이건 이제 우리한테 맡기는 걸로 해도 되지?"

그러고는 오늘 번 돈을 내일 공유하겠다고 덧붙였다.

"린이 같이 있으니까, 뭐. 우리 반 회장이잖아."

아오이가 가장 먼저 찬성했다. 다른 아이들도 곧장 수긍했다.

"그럼 내일 보자."

"고마워."

"잘 가."

아이들의 목소리가 운동장으로 이리저리 흩어졌다.

셋은 린네 가게로 향했다. 등에는 책가방을 메고, 손에는 채소 바구니를 들었다. 꽤 무거웠지만 발걸음만큼은 그 어느 때보다 가벼웠다.

이제부터 우리들의 방과 후 사업이 시작된다. 게다가 오늘은 히로토 혼자가 아니었다.

☆ 반값 전략으로 완판!

전철역 앞 큰길에 도착했다. 린네 가게가 있는 건물은 1층이 매장, 2층이 주거 공간이었다. 청과물 가게에서 반찬도 팔았는데, 맛있기로 동네에서 소문이 자자했다. 오늘도 가게는 손님들로 북적였다.

"나는 이만 갈게."

유마가 채소 장바구니를 히로토에게 건넸다.

"응! 수고했어, 유마. 내일 학교에서 보자."

"그래, 너희도 파이팅!"

그때 린이 나지막이 말했다.

"……고마워."

"오! 린, 네가 웬일이냐?"

유마는 이렇게 말하고는 피식 웃으면서 발길을 돌렸다.

린 엄마는 판매대 앞에서 손님과 이야기를 나누기도 하고, 틈틈이 채소의 상태를 살피기도 했다. 이래저래 분주해 보였다.

"엄마, 나 왔어."

"벌써 끝났어?"

"안녕하세요? 히로토라고 합니다."

"어머, 같은 반이니? 남자애를 집에 데리고 온 건 처음인데, 설마 남자 친구는 아니지?"

"엄마! 무슨, 그런 말도 안 되는! 우리가 학교 텃밭에서 키운 채소를 팔고 싶어서 가져온 거야. 이것 좀 봐."

린 엄마는 린이 펄쩍 뛰는 걸 보고 피식 웃으면서 채소 바구니로 눈길을 돌렸다.

"이걸 여기서 팔겠다고? 우리도 채소 가게인데?"

히로토의 머릿속에서 보리차를 팔려고 역무원을 찾아가 사정했던 일이 잠시 스쳐 갔다. 그래도 린이 부탁하면 쉽게 허락해 주리라고 생각했는데, 린 엄마가 진지한 얼굴로 고민에 빠지는 모습을 보니 슬슬 불안감이 밀려왔다.

"응? 제발."

"그래, 알았어……. 근데 어디다 놓으려고?"

"저쪽 끝에도 괜찮아요."

히로토가 기다렸다는 듯이 끼어들었다.

"저기 끝이라도 괜찮다면, 뭐."

린 엄마가 가리키는 곳에 접이식 나무 테이블이 세워져 있었다.

"그나저나 린이 가게에 남자 친구를 다 데리고 오다니."

린 엄마가 깔깔 웃으며 가게 안으로 들어갔다.

"엄마, 그런 거 아니라니까!"

린이 가게 안쪽에서 커다란 천 한 장과 비닐봉지를 가지고 나왔다.

"히로토, 미안. 이제 우리도 판매대를 만들어 보자."

히로토는 린과 함께 테이블에 천을 깐 다음, 비닐봉지에 토마토와 오이를 나누어 담았다. 봉지 하나에 토마토 세 개와 오이 네 개를 넣었다.

"린, 가격은 얼마로 할까? 빨리 팔고 싶으면 확 낮추면 돼."

히로토는 머릿속으로 '수요와 공급' 꼭지를 떠올렸다. 사업을 할 때 가격은 무척 중요하며, 가격을 결정하는 방법은 세 가지가 있다고 했다.

책 속의 책)----○----○

가격은 '제품과 서비스'라는 재료비에 사업자가 원하는 이익을 더하는 것이다. 그다음에 고려할 사항은 고객이 '얼마를 지불할 수 있는가'이다. 대다수의 고객은 자신이 생각하는 가격보다 높으면 아무리 좋은 제품과 서비스라도 구매하지 않으려 한다.

마지막으로, 경쟁 업체에서 비슷한 제품을 얼마에 파는지 반드시 참고해야 한다.

그러니까 첫 번째는 그 제품을 생산하는 데 투자한 비용에다 자신이 얻고자 하는 이익을 얹어서 계산하는 것이다. 두 번째는 손님들이 그 제품을 사고자 하는 돈에 가격을 맞추는 것이다. 세 번째는 다른 가게에서 그 제품을 얼마에 판매하는지 알아보는 것이다.

"다른 데서 파는 토마토와 오이보다 비싸면 당연히 안 사겠지. 가격이 같다고 해도 굳이 우리가 파는 토마토와 오이를 고르지는 않을 테고."

"음, 우리 가게는 토마토 하나에 900원, 오이 하나에 1,200원이야."

"오, 안 봐도 다 알아?"

"아까 등교할 때 슬쩍 봤지."

"와, 눈썰미 있네! 그럼 토마토는 900원보다 싸게, 오이는 1,200원보다 싸게 팔면 되겠다."

둘이 잠시 동안 논의를 거쳐, 토마토는 한 개에 500원, 오이는 한 개에 900원을 받기로 했다. 봉지로 따지면 토마토 세 개, 오이 네 개가 들어 있으니까 5,100원이 되는 셈이었다. 린네 가게에서 파는 것보다 30퍼센트 정도 싼 값이라서 손님들도 관심을 보일 거라는 확신이 들었다.

히로토가 빳빳한 종이에 '방금 밭에서 딴 토마토 500원, 오이 900원'이라고 큼지막하게 썼다. 가격이 적힌 종이를 테이블 중앙에 놓자 판매대가 제법 그럴싸해 보였다.

"이제 계산 담당과 호객 담당을 나누자."

"계산은 내가 할 건데?"

"아, 그래? 알았어, 네가 수학을 잘하니까, 뭐."

이렇게 해서 히로토와 린의 '방과 후 채소 시장'이 문을 열었다.

"쌉니다, 싸요! 싱싱한 토마토가 500원, 오이가 900원! 완전 거저 드립니다!"

히로토는 최대한 목소리를 높였다. 얼마 안 있어, 사람들이 관심을 갖고 다가와 두리번거렸다.

"어머, 오이가 900원?"

"정말 싸네. 하나만 줘요."

"토마토랑 오이랑, 두 봉지 주세요."

순식간에 채소들이 팔려 나가기 시작했다.

"저희가 학교에서 직접 키운 건데요. 조금 전에 딴 거라 진짜 싱싱하고 맛있어요! 한 시간 한정입니다! 얼마 안 남았어요!"

가게가 전철역 바로 앞인 데다가 인도 쪽으로 판매대가 나와 있어서 그런지, 지나가는 사람들의 호기심을 단박에 끌었다. 가게 앞이 점점 더 북적이기 시작했다.

"히로토, 거스름돈이 부족해! 나는 여기 지켜야 하니까 우리 엄마한테 가서 잔돈 좀 빌려다 줘."

"알았어! 잠깐만."

린이 있는 즉석 계산대 앞에 손님들이 줄을 서 있었다. 이제는 계산이 밀릴 정도였다.

시간이 흘러 테이블에 수북이 쌓여 있던 채소 봉지들이 눈에 띄게 줄어들었다. 그마저도 오래지 않아 바닥이 났다.

이제 줄 선 손님들만 계산하면 끝이었다.

"오이 둘, 토마토 셋! 3,700원입니다."

계산대라고 해 봤자 현금을 담는 상자가 전부였다. 포스나 계산기도 없이 린은 암산 실력을 제대로 발휘하고 있었다.

눈 깜짝할 사이에 토마토와 오이가 다 팔렸다. 손님들이 잦아들자 히로토와 린은 환하게 웃으며 하이 파이브를 했다. 이 일로 둘은 진짜 친구, 아니 동료가 된 것만 같았다.

3

방과 후 주식회사, 시작합니다

히로토가 책가방에서 《십 대를 위한 경영 노트》를 꺼냈다. 린은 그 책을 가만히 들여다보았다. 저 책을 만나지 못했더라면 어땠을까? 사업 같은 건 꿈도 꾸지 못했을 것이다.

"사업이 꼭 나쁜 건 아니지? 우리가 키운 채소가 다 팔렸고, 저렴하게 사 간 손님들도 고마워해 주고. 물론 수익금이 더 많이 남았다면 좋았겠지만. 하하."

히로토가 말했다.

"히로토, 어제 일은 미안해."

린은 진심을 담아 사과했다. 린의 뺨이 살짝 발그레해졌다.

"아니야, 괜찮아."

히로토가 멋쩍게 웃으며, '바로 지금이다!'라고 생각했다. 《십 대를 위한 경영 노트》를 읽으면서 느꼈던 걸 말해야 하는 순간이었다. 린과 함께라면 분명 더 재미있게 해 볼 수 있을 거야.

"린, 나랑 같이 '주식회사'를 만들어 보지 않을래?"

"주식회사?"

히로토는 책에서 '회사' 꼭지를 펼쳤다.

주식회사는 돈이나 물자를 제공하는 '투자자'와 그 돈이나 물자를 이용해서 사업을 하는 '사업가'가 만나서 이루어진다. 세상에는 사업을 하고 싶지만 직접 경영하는 건 귀찮아 하는 사람도 있다. 그런 사람들이 돈이나 물자를 제공하는 것이다. (이를 '출자'라고 하며, 이런 사람들을 '출자자'라고도 한다.)

주식회사에 돈이나 물자를 제공하는 투자자를 '주주'라고 부른다. 주주라는 형태로 회사의 일원이 되는 셈이다.

"네가 회계 업무를 맡아 주면 좋겠어."

히로토는 린에게 주식회사가 되면 더 많은 걸 할 수 있다고 설득했다.

"회사 이름도 그럴듯하게 짓고……. 어때?"

린은 잠시 생각에 잠겼다. 애써 키운 채소가 헛되이 버려지지 않았고, 껄끄럽게 지내던 유마와도 화해를 했다. 주식회사를 같이 세우면 훨씬 더 재미있는 일이 일어날지도 모른다는 기대감이 일었다.

"주식회사라……, 좋아! 괜찮을 것 같아."

히로토는 신이 나서 말했다.

"일단 이 돈은 우리 반 거니까 내일 아이들에게 보고해야 해. 주식회사 이야기도 그때 해 보자. 그리고 이 돈은 네가 내일까지 맡아 줘."

"알았어."

린은 엄마한테 쪼르르 달려가 종이봉투를 받아 오더니 지폐를 가지런히 정리해서 그 안에 넣었다. 동전도 일일이 세어 본 후 봉투에 담았다.

"잠깐만! 그 책, 하루만 빌려줄래?"

"어? 당연하지."

저녁노을이 두 사람의 얼굴을 발그레하게 비추었다.

☆ 방과 후 뭐든지 시장

다음 날, 점심시간에 히로토는 반 친구들을 한자리에 불러 모았다.

"얘들아, 어제 일로 할 말이 있는데 시간 좀 내줄래? 잠깐이면 돼."

모두 히로토를 쳐다보았다.

"오오, 뭔데?"

"참, 어떻게 됐어? 다 팔았어?"

아이들의 관심이 집중되었다. 히로토는 왠지 주인공이 된 것만 같은 기분이 들었다. 심호흡을 크게 했다.

"어제 우리가 텃밭에서 딴 채소들 말인데……, 완판했어!"

"우아!"

"정말? 대단해!"

금세 교실이 술렁였다.

"히로토, 그래서 얼마를 벌었어?"

아오이가 물었다.

"62,700원."

린이 즉각 대답했다.

"와, 대박!"

아이들 틈에서 웃음이 터져 나왔다.

"그럼 한 사람당 얼마야?"

"우리 반이 서른세 명이니까 1,900원씩."

이번에도 린이 대답했다.

"오, 생각보다 많다!"

"아니, 여럿이 나누니까 좀 적은데?"

다양한 반응이 쏟아졌다. 어쨌거나 전체적인 분위기는 우리가 기른 채소가 돈으로 바뀌었다는 사실에 놀라워하면서도 기뻐하는 눈치였다.

"한 가지 제안하고 싶은 게 있는데……, 조금만 더 들어 줘."

히로토가 긴장한 얼굴로 말했다.

아이들의 시선이 다시 히로토에게로 쏠렸다. 그동안 히로토는 반 친구들 앞에 나서서 뭔가를 이야기해 본 일이 거의 없었다. 그래서 그런지 주목을 받으니까 생각보다 더 떨렸다.

"1,900원 말야, 용돈이 필요한 사람은 지금 가져가도 되지만, 주식으로 줄까 하는데……."

그러고는 칠판에 큼지막하게 '주식'이라고 썼다.

"주식?"

"응, 주식. 지금부터 주식과 주식회사에 대해 설명할 거야."

히로토는 마른침을 꿀꺽 삼키며 말을 이었다.

"내가 최근에 사업이라는 걸 해 보고 든 생각인데……. 아, 사업이라고 하니까 엄청 거창한 것 같지만 보리차를 팔고 채소를 팔고 하는 일들이 모두 사업이야. 정말 재미있었어."

여기저기서 쑥덕이던 소리가 차츰 잦아들었다.

"채소는 이제 없지만, 다양한 걸 모아서 팔아 보면 어떨까? 그러려면 장소도 필요하고, 상품도 있어야 해. 이를테면 회사를 차리는 건데, 우리 반처럼 여러 사람이 모여서 사업을 할 때는 주식회사를 만들어야 돼."

히로토가 칠판에 적어 둔 '주식'이란 글자를 탁탁 두 번 쳤다.

"각자 내놓은 물건이나 돈을 주식이랑 바꾸는 거야. 주식회사에서는 주식을 발행하는데, 만약 수익이 나면 각자가 낸 돈, 즉 주식의 비율에 따라 이익금을 나눠. 주식을 관리하는 게 귀찮게 여겨지면 다른 사람에게 팔아도 되고."

히로토는 교실을 쓱 둘러보며 아이들의 반응을 살폈다. 대부분은 명한 표정이거나 반신반의하는 모습이었다. 참여하는 사람이 적으면 그만큼 회사의 규모가 작아질 수밖에 없었다.

"알 것 같기도 하고, 모를 것 같기도 하고."

누군가가 이렇게 말했다. 히로토는 다시 설명을 이어 갔다.

"우리가 번 돈을 주식으로 바꿔도 된다는 사람들과 함께 회사를 차리고 싶어. 린도 함께하기로 했어."

히로토가 '어때?' 하는 표정으로 아이들을 둘러보았다.

"그게 정말이야?"

아이들이 린을 돌아보며 물었다.

"응, 맞아. 내가 히로토 마음대로 하도록 놔두지 않을 테니까 모두 안심해도 돼."

린이 똑 부러지는 목소리로 대답했다. 그러자 아이들 사이에서 와하하, 하고 웃음이 터져 나왔다.

"히로토 혼자라면 위험하지만, 린이 있으니까 괜찮을 것 같아."

아오이가 말했다. "그래그래!" 하며 여기저기서 동조하는 말소리가 들렸다. 히로토는 그제야 마음이 좀 놓였다.

"그래서 도대체 뭘 어떻게 하겠다는 거냐?"

유마가 물었다. 말투가 삐딱하긴 해도 유마는 언제나 히로토 편이었다.

"'방과 후 뭐든지 시장' 같은 걸 해 보고 싶어."

"방과 후 뭐든지 시장?"

"응, 우리는 채소를 싫어하지만, 이 세상에는 채소를 좋아하는 사람도 있잖아. 그것처럼 우리는 필요 없다고 생각하는 물건이 누군가에게는 갖고 싶은 걸 수 있다는 거지. 비즈 공예를 예로 들면, 만드는 건 재미있지만 그 많은 재료를 혼자 다 사기는 어렵잖아. 우리가 대량으로 산 다음에 조금씩 나누어서 되파는 거지."

히로토는 짐짓 목소리를 높였다.

"이름하여, 방과 후 뭐든지 시장!"

히로토의 마음이 반 친구들에게 가닿았을까? 집에서 몇 번이나 연습을 해 놓고도 자신감이 크지는 않았다.

"엇! 나, 수학 문제집 필요 없는데! 사 갈 사람?"

유마 말에 아이들이 한바탕 웃음을 터뜨렸다. 그 바람에 굳어 있던 분위기가 조금 풀렸다.

"린한테 몇 권 주었는데도 아직 새 문제집이 너무너무 많아."

린이 대꾸했다.

"저기 있잖아, 유마. 너는 그걸로 착실히 공부 좀 하는 게 어때? 그리고 여자애들은 어릴 때 가지고 놀던 인형처럼 이제는 안 쓰는 물건이 꽤 있지 않아?"

린의 말이 끝나자 아이들이 하나둘 말을 쏟아 냈다.

"난 게임이 좀 많아, 싫증 나서 안 하는 것들."

누군가 이렇게 말하자 아오이가 물었다.

"있잖아! 내가 노래 부르는 걸 아빠가 영상으로 찍어 둔 게 있는데, 그런 것도 팔 수 있을까?"

히로토는 아이들을 향해 고개를 끄덕이며 대답했다.

"당연히! 하루 만에 채소가 다 팔렸어. '방과 후 뭐든지 시장'은 더 잘될 거야."

히로토의 설득이 먹힌 걸까? 아이들은 모두 자기 몫의 돈을 주식으로 배당받고, 상품으로 내놓을 만한 물건도 챙겨 오겠다고 했다.

☆ 제1회 창립 기념 주주 총회

다음 날, 1학년 1반 교실에는 활기가 넘쳤다. 평소라면 학교에 절대 가져오지 않을 물건들을 저마다 가방에 숨겨 두고 있었다. 선생님한테 들킬까 봐 노심초사하는 아이도 있었고, 어떤 일이 펼쳐질지 기대감에 차 있는 아이도 있었다.

여느 때라면 이렇게 어수선한 분위기를 린이 가만히 보고만 있지 않았을 것이다. 하지만 린도 지금은 사업을 구상하는 즐거움에 빠져서 그런 것에 딱히 신경을 쓰지 않았다.

마침내 6교시가 끝나고 종례 시간이 되었다. 선생님이 전달 사항을 말하자 린이 손을 번쩍 들었다.

"선생님, 지난번에 그 채소 말인데요."

"어, 깨끗이 다 땄지?"

"아직 덜 자란 게 있어서 다 따진 못했어요."

"어, 그래?"

선생님이 창밖을 내다보았다. 텃밭까지 거리가 멀어서 또렷하게 보이지 않았다. 린은 그것까지 다 계산해 두었다. 선생님이 일부러 그리로 가서 확인하지는 않을 테니까.

"종례 후에 다 같이 교실에 남아서 채소 가져갈 사람을 정하고 싶은데요, 선생님."

"그래, 그렇게 해. 대신에 딱 삼십 분이다."

"네, 걱정 마세요."

"그럼 내일 보자."

선생님은 손을 흔들며 교실 밖으로 나갔다. 그러자 아이들이 일제히 린을 쳐다보았다.

"린, 채소가 아직 남아 있어?"

"에이, 그럴 리가."

린이 고개를 저었다.

"헐! 근데 왜 그런 말을 했어?"

"오늘 주주 총회 하기로 했잖아!"

린의 목소리에 활기가 넘쳤다.

"대박! 그럼 회장이 선생님께 거짓말한 거야?"

"괜찮아, 하얀 거짓말이잖아."

린은 교단에 서서 히로토를 앞으로 불러냈다.

히로토는 칠판에 커다랗게 '주주 총회'라고 썼다.

"자, 이제 첫 주주 총회를 시작할게. 아, 그 전에 주주 총회가 뭔지 궁금하지? 우리가 채소를 팔아서 번 돈을 주식으로 바꾸거나 오늘 새로 물품을 가져온 친구들은 다 우리 주식회사의 '주주'가 되는 거야."

그러자 아이들 얼굴에 물음표가 줄줄이 떠올랐다.

"돈이나 물건을 내놓는 걸 '출자'라고 하는데, 이렇게 출자한 사람을 주주라고 하거든."

몇몇이 겨우 고개를 끄덕였다.

"내 돈이나 물품을 출자하면 누구나 회사에서 그걸로 어떤 사업을 진행하는지 궁금하겠지? 그래서 출자자들을 한자리에 모아 사업 보고도 하고 의견도 주고받는데, 그걸 주주 총회라고 해."

히로토는 다시 한번 칠판을 가리켰다.

《십 대를 위한 경영 노트》'회사' 꼭지를 보면 이런 내용이 나온다.

책 속의 책 ──○──────○

회사에 돈을 출자한 주주는 회사의 일원이면서 회사 그 자체다. 주주 총회에서는 어떤 식으로 사업을 할지, 누가 회사를 운영할지 등 회사의 경영에 관해 중요한 사항을 결정한다.

히로토는 자기도 모르게 손뼉을 탁 쳤다.

"음, 학급 회의랑 비슷하다고 생각하면 돼! 우리도 회장을 뽑을 때 다수결로 하잖아."

아이들이 그제야 고개를 크게 끄덕였다.

"저번에 체육 대회에서 댄스곡도 다 같이 논의해서 정했잖아. 주주 총회에서도 우리가 어떤 사업을 할지 의견을 모아서 정해야 해."

"이제 조금 알 것 같아."

히로토는 조금씩 자신감이 생겨났다.

"우리가 채소를 팔아서 번 돈으로 1,900원씩 주식을 갖게 되었어. 만약에 돈이든 물품이든 추가로 출자하겠다는 사람이 있다면 그만큼의 주식을 더 가질 수도 있고, 우리가 모은 돈과 물건을 누가 관리하고, 또 어떻게 쓸지도 결정해야 해. 대신에 한 사람이 한 표를 행사하는 게 아니라 각자 가진 주식의 액수에 맞춰서 표수가 결정되는 거야."

"표수가 뭔데?

"지금 1,900원만 딱 출자한 사람이 있고, 나중에 추가로 1,900원을 더 낸 사람이 있다고 가정해 볼게. 그러면 어떤 사안에 대해 투표를 할 때 1,900원을 낸 사람보다 3,800원을 낸 사람의 표수가 두 배 많은 거지."

그때 린이 나섰다.

"일단 해 보면 알 거야. 출자할 물품을 가지고 온 사람은 이쪽으로 줄을 서 줘. 주식을 더 배당해 줄게."

린은 복도 쪽 가장자리를 가리켰다.

아이들은 차례로 히로토 앞에 줄을 섰다. 아이들의 가방에서 다양한 물품이 쏟아져 나왔다. 맨 앞에 줄을 선 아이가 조심스레 말을 꺼냈다.

"색연필인데 괜찮을까? 집에 많이 있어서 가져왔는데…….."

"그럼, 얼마든지. 좋은데?"

히로토가 색연필 세트를 린에게 건네주면서 물었다.

"이거, 1,000원 정도로 할까?"

"응, 괜찮을 것 같아."

"그럼 채소 수익금 1,900원과 합쳐서 2,900원의 주식을 배당합니다!"

히로토가 말했다.

그렇게 두 사람은 반 아이들이 가지고 온 물품의 가치를 따진 다음, 그에 걸맞은 주식을 배당해 주었다. 흰 종이에 금액을 적은 후, 그 옆에 '방과 후 주식회사'라고 새겨진 인감 도장을 찍었다. 인감 도장은 린이 지우개를 파서 미리 만들어 두었다.

그다음은 장난기 많아 보이는 남자애였다.

"나는 프라모델! 형한테 받은 건데 조립할 시간이 없어서. 근데 이거, 인기 모델이야."

"프라모델은 얼마쯤 나가는지 잘 모르겠네. 린, 이것도 1,000원 정도로 하면 될까?"

남자애가 대신 대답했다.

"이 시리즈는 중고도 5,000원이 넘을걸."

"그래? 그럼 중간으로 해서 3,500원 어때?"

"흠, 알겠어."

린의 제안에 남자애가 동의했다.

"채소 수익금과 합쳐서 총 5,400원의 주식을 배당합니다!"

이번에는 개성 있는 물품이 등장했다.

"나는 내 노래와 그림을 가져왔어."

아오이가 쭈뼛대며 USB 메모리와 종이 석 장을 내밀었다.

"이건 내가 평가를 못 하겠어. 어떡하지?"

히로토가 말하자 린이 대답했다.

"음, 하나에 500원 정도로 할까?"

히로토가 고개를 끄덕이며 아오이에게 물었다.

"아오이, 개당 500원씩 해서 총 2,000원으로 발행해도 되겠니?"

"헐! 내 노래와 그림 값이 겨우 2,000원이라고? 뭐, 어쩔 수 없긴 하지만······. 너희들, 내가 미래의 아이돌이라는 건 잊지 마!"

"하하, 알았어! 절대로 안 잊을게."

히로토가 웃으며 대답했다.

이렇게 색연필, 프라모델, USB 메모리, 그림, 색종이, 수제 인형, 카드 게임 등이 차곡차곡 쌓여 갔다. 그런데 갑자기 작은 소란이 일어났다.

"아무리 봐도 이건 좀 곤란한데. 그냥 쓰레기잖아?"

히로토는 두 손으로 머리를 감쌌다. 선물용 과자 상자였다. 지저분하지는 않았지만 알맹이 없이 종이 상자만 가져와서 너무했다는 생각이 들었다.

"쓰레기라니? 이래 봬도 깨끗한 상자야. 아직 쓸 만하다고. 뭔가 담을 수도 있잖아. 안 그래?"

빈 상자를 가져온 남자애가 싱글벙글 웃으며 말했다. 악의가 있어 보이지는 않았다.

"린, 어떻게 생각해?"

"어쩌면 사는 사람이 있을지도. 뭐, 100원 정도라면?"

히로토와 린은 서로를 쳐다보았다. 이것을 끝으로 주식을 배당하는 일은 모두 마무리되었다.

"그럼 지금부터 제1회 주주 총회를 시작합니다!"

히로토가 칠판에 큰 글씨로 '의제'라고 썼다.

"첫 번째 논의할 주제는 회사 이름인데……, 실은 우리 둘이 먼저 회사 이름을 지어 봤어. '방과 후 주식회사'라고. 너희들 생각은 어때?"

"오, 좋은데?"

"좋아!"

그 말에 찬성하는 목소리가 줄줄이 나왔다.

"괜찮아? 그럼 '방과 후 주식회사'로 결정할게. 다음은 사업 내용! 어제 이야기한 대로 '방과 후 뭐든지 시장'을 열 거야. 오늘 우리가 모은 물품들을 린네 가게로 가져가서 판매할 건데, 혹시 다른 의견 있는 사람?"

아무도 손을 들지 않았다. 그때 누군가가 동의의 뜻을 밝혔다.

"괜찮은 것 같아!"

"좋아! 그리고 한 가지 재미있는 생각을 해 봤는데 말이야. 방과 후 뭐든지 시장에서는 실제 돈을 사용할 수도 있지만, 조금 전에 너희가 받은 주식으로도 물품을 구매하면 어떨까 싶어."

히로토는 잠시 기다렸다가 다시 입을 열었다.

"그럼 찬성하는 걸로 하고, 다음은 대표 이사 선임 건인데……. 혹시 입후보할 사람 있니?"

역시 손을 드는 사람이 없었다. 아직 사업의 즐거움을 모르니까 오히려 자연스런 일이었다.

"그럼 지금처럼 나랑 린이 공동으로 운영하는 거 어때? 나는 경영을 도맡아 하는 대표 이사, 린은 돈을 관리하는 회계 이사……. 괜찮아?"

짝짝짝, 박수가 쏟아져 나왔다. 찬성이라는 의미였다.

"우리 모두의 회사니까, 히로토가 허튼짓 못 하도록 내가 잘 관리할게!"

린의 선언으로 다시 한번 박수가 크게 터져 나왔다.

이렇게 해서 제1회 주주 총회는 무사히 끝났다.

"자, 오늘은 이걸로 끝!"

히로토가 손뼉을 두 번 쳤다. 아이들은 주주 총회가 끝나자마자 바로 교실에서 나갈 준비를 했다.

이제 모은 물품들을 가게로 옮겨야 하는 일만 남아 있었다. 히로토와 린은 책가방과 체육복 주머니, 비닐봉지에 하나씩 챙겨 넣기 시작했다.

그때 누군가가 교실 문 쪽에 서서 말했다.

"야, 정말 너희 둘이 그거 다 들고 가겠냐?"

유마였다.

"어라? 아직 안 갔어?"

"응. 너, 요즘 무척 바빠 보이던데. 같이 놀지도 못하고."

"아, 그랬구나. 미안, 미안."

"나도 거들게. 그럼 집에 가면서 얘기라도 할 수 있잖아."

"정말? 고마워."

생각지도 못한 배려였다. 히로토는 유마에게 고마운 마음이 들어서 울컥했다. 린이 웃으며 비닐봉지를 내밀었다.

"자, 이거."

"뭐야? 왠지 나한테 제일 무거운 걸 주는 것 같은데?"

셋은 즐겁게 웃고 떠들면서 전철역까지 걸어갔다.

지금부터 해야 할 일이 산더미였다. 일단 지난번처럼 가게 앞 구석 자리라도 빌릴 수 있도록 협상을 해야 했다. 린의 부모님이 하는 가게라 허락을 받아 내기가 쉽기는 하겠지만, 이번에는 하루가 아니라 장기적으로 물건을 보관해야 하는 상황이었다.

히로토는 《십 대를 위한 경영 노트》에서 '사업' 꼭지를 떠올렸다.

　　사업을 하려면 돈과 물건, 사람 등이 필요하다. 그리고 그것이 모두 제대로 움직이기 시작했을 때라야 비로소 '사업'이라고 말할 수 있다. 처음에는 보잘것없다가도 점점 규모가 커지게 된다. 일을 하고, 돈을 쓰고, 마케팅을 하고, 돈이 들어오고, 또 그 돈을 쓰고……. 이 일련의 과정을 데굴데굴 눈사람 굴리듯 계속해서 반복하는 것이다.

　　히로토의 첫 사업은 '음료 판매'였다. 그 일이 린과 함께 '채소 판매'를 거쳐, 반 친구들이 맡긴 '물품 판매'로까지 이어졌다. 히로토는 사업이 점차 커지고 있다는 게 실감이 났다. 그와 동시에, 혼자 힘으로는 도저히 불가능한 일도 있다는 사실을 깨달아 갔다.

　　마침내 린네 가게에 도착했다. 린은 엄마에게 엉거주춤 다가가 어렵사리 말을 건넸다.

　　"엄마, 나 왔어."

　　"안녕하세요?"

　　히로토는 꾸벅 인사를 했다.

　　"어, 왔어? 오늘도 둘이 같이 왔네?"

　　"엄마, 있잖아. 실은 우리 반 친구들이랑 주식회사를 시작하기로 했어."

　　"뭐? 이번엔 주식회사야?"

　　"응, 그래서 말인데……. 저번에 우리가 토마토랑 오이 팔았던 저쪽 자리에서 계속 장사를 하고 싶어."

"글쎄다, 여기도 엄연히 매장이라서."

"공짜로 쓰겠다는 건 아니고 임대료를 낼 거야."

"돈을 내겠다고? 아니, 너희가 무슨 돈으로?"

"우리가 내는 게 아니라 방과 후 주식회사가 내는 거야."

린은 주식 증서를 내밀었다.

"어머, 방과 후 주식회사? 귀여운 이름이네?"

"돈이 아니라 회사 주식으로 빌리고 싶어서."

린 엄마는 주식 증서를 빤히 바라보았다. 히로토는 그 모습을 조마조마한 심정으로 지켜보았다. 주식 증서라고 해 봤자 우리가 만든 종잇조각에 불과했다.

"수익이 나면 확실하게 주주들과 다 같이 나눌 거예요. 이 주식 증서로 우리 물품도 살 수 있어요."

린 엄마는 한동안 아무런 표정을 짓지 않았다. 그저 우리가 만든 주식 증서를 빤히 바라보기만 했다.

"자식은 언제 크는지도 모르게 자란다더니……. 이게 다 이렇게 야무진 친구가 옆에 있어서 그런 거겠지?"

"얘, 별로 야무지지 않은데."

린의 장난기 어린 말에 히로토가 뻘쭘하게 웃었다. 린 엄마도 같이 미소를 지었다.

"그래, 그러든지."

히로토는 "아싸!" 하며 환호성을 내질렀다.

장소는 이제 해결되었다. 이제 가게를 꾸밀 차례였다. 상품을 진열할 선반도 필요하고, 간판도 있어야 했다. 다행히 가게에 골판지가 많이 있었다. 테이프와 색종이, 칼, 그리고 색색의 매직펜만 있으면 될 듯했다.

테이프와 칼은 빌려 써도 되지만 다른 건 사 와야 했다. 출자금의 첫 번째 사용처가 되었다. 히로토는 골판지를 이어 붙여 선반을 만들었고, 린은 간판을 꾸미기 시작했다.

분주하게 오가는 사이에 어느덧 해가 기울었다. 마침내 진열대가 완성되었다. 진열대 앞에는 색색으로 꾸며진 '방과 후 뭐든지 시장' 간판이 걸렸다. 마음 같아서는 당장 장사를 시작하고 싶었지만, 준비하는 것만으로도 벅찬 하루였다.

4

방과 후 어디든지 시장

⭐ 뭐든지 다 팔아요

'방과 후 뭐든지 시장'이 본격적으로 시작되었다.

그 전에 결정해야 할 일이 남아 있었다. 상품의 가격을 정해야 했다. 히로토와 린이 머리를 맞대고 논의한 끝에, 상품마다 100원씩의 이익을 남기기로 정했다. 매입할 때의 가격에 100원을 더하기로 한 것이다.

가게는 히로토와 린이 교대로 보기로 했다. 첫날은 히로토가 담당했다. 간판 때문인지 손님들이 조금씩 왔다.

"이게 뭐니? 재미있네."

"오! 학교에서 과제로 하는 거니?"

린네 가게가 청과물을 팔아서일까? 손님들이 대부분 채소를 찾았다. 그래서 지난번에 비하면 팔림새가 영 신통치 않았다.

가게를 지키고 있는데 유마가 찾아왔다.

"안녕, 히로토! 열심히 하네?"

"응, 무슨 일이야?"

"구경 왔지. 이 프라모델, 우리가 조립해 버릴까?"

히로토는 난감한 표정을 지었다.

"이거, 파는 건데?"

"자, 여기."

유마가 주식 증서를 내밀었다.

"3,600원이야. 딱 맞지?"

"아, 사려고? 고마워! 근데 조립은 다음에 하자."

"야, 언제까지 사업에만 매달릴 거냐? 요즘 너랑 못 놀아서 무지 심심하단 말이야."

유마가 못마땅한 얼굴로 툴툴거렸다.

"그럼 너도 같이 가게 볼래?"

"싫어, 벌써부터 일하고 싶진 않아."

그날 이후, 유마는 가끔씩 가게에 찾아와 참견을 했다. 붙임성이 있어서 그런지, 손님들이 은근히 유마를 귀여워했다. 특히 청과물 가게에 자주 오는 단골 할머니가 그랬다. 일 때문에 바쁜 엄마 대신 할머니와 보내는 시간이 많아서일까? 유마도 그 단골 할머니를 곧잘 따랐다.

단골 할머니는 사실 히로토가 보리차를 팔 때 가장 먼저 사 준 분이었다. 아마도 근처에 사는 것 같았다. 불편한 다리로 절뚝이며 다니는 할머니를 마주할 때마다 히로토는 안쓰러운 마음이 들었다.

아이들이 가게를 연 것이 신기해서 괜히 기웃대는 손님도 있었고, 유마처럼 주식 증서를 가지고 오는 반 아이도 있었다. 하루에 물품이 왕창왕창 팔리는 건 아니었지만, 전혀 안 팔리는 날은 없었다. 이 주 정도 지나 여름 방학이 코앞으로 다가왔을 무렵에는 다행히 물품이 거의 다 팔려 나갔다.

　문제는 여기서 발생했다. 바로 물품 부족!

　'방과 후 뭐든지 시장'은 본래 반 친구들의 출자로 모은 물품을 팔았다. 그래서 물품을 모두 팔면 돈이 모일 수밖에 없었다. 하지만《십 대를 위한 경영 노트》'사업' 꼭지에 나와 있듯이, 돈을 다시 제품으로 바꾸지 않는다면 사업을 계속 이어 갈 수가 없었다.

　여름 방학이 시작되기 전에, 주주들과 함께 논의해야 했다.

☆ 이대로 해체할 수 없어

　점심시간이 되자 히로토가 반 아이들을 불러 모았다.

　"오늘 제2회 주주 총회를 열려고 하는데, 다들 괜찮아?"

　린도 나서서 아이들을 한데 모았다.

　"얘들아, 지금부터 주주 총회 좀 할게."

　아이들이 여기저기서 반응을 보였다.

　"그래, 좋아."

　"어떻게 됐어?"

　"중간보고 같은 거야?"

　히로토는 아이들이 모이자 천천히 말을 꺼냈다.

"자, 이제 설명할게! 결론부터 말하면, 15만 원 정도 벌었어."

"와! 15만 원! 내 세뱃돈보다 많아!"

"대단한걸?"

"이 돈을 어떻게 할 건지가 오늘 의제인데……."

잠시 침묵이 흘렀다.

"물론 이대로 수익을 나누어 가져도 되지만, 다시 새로운 걸 팔아 보면 어떨까 싶어서. 곧 여름 방학이기도 하고. 다들 어때?"

그때 유마가 입을 열었다.

"이제 이런 거, 그만하면 안 돼? 여름 방학까지 바쳐 가면서 할 일이냐는 거지."

히로토는 유마의 반응에 당황스런 표정을 지었다. 이런 분위기로 흘러간다면 아이들과 사업을 계속하지 못할 수도 있겠다는 생각이 들었다.

"돈을 버는 게 목적이었잖아. 물품이 다 팔렸으면 끝 아닌가?"

맞는 말이긴 했다. 하지만 히로토는 돈을 버는 게 목적은 아니었다. 사업에 관심도 없으면서 참견만 해 대는 유마에게 슬그머니 짜증이 났다.

"유마, 넌 무슨 말을 그렇게 하냐?"

순간 교실이 얼어붙었다. 아, 이러면 안 되는데. 히로토는 금방 후회했다. 지금 화를 내고 싸우면 모두 발을 빼려 할지도 몰랐다.

"용돈이 생기는 건 당연히 기쁜 일이지만 그게 다가 아니란 말이야. 너도 더 해 보면 알아."

"아니, 나는 계속 모를래."

유마 말에 아이들이 웅성대기 시작했다. 그동안 번 걸 각자 돌려받고, 여기서 그만두자는 식의 얘기가 흘러나왔다.

"나도 그만하고 싶은데."

"나도, 나도."

교실 곳곳에서 말소리가 들렸다. 이렇게 가다간 큰일이었다. 물론 반 아이들에게 지금껏 번 돈을 돌려줄 수는 있었다. 하지만 그렇게 되면 방과 후 주식회사는 설립하자마자 해체되는 셈이었다. 겨우 돌아가기 시작한 톱니바퀴가 그대로 멈추는 것과 같았다.

"이제 막 시작했는데. 같이하면 더 많은 걸 할 수 있어……."

히로토의 목소리가 목 안으로 기어 들어갔다. 역시 주식회사는 처음부터 무리였던 걸까? 아무것도 안 했으면 이런 고민도 생기지 않았겠지. 불안한 생각이 슬금슬금 고개를 쳐들었다.

유마를 흘깃보았다. 평소와 달리 꽤 진지한 얼굴이었다. 항상 함께였던 유마가 왜 반기를 드는지, 히로토는 도무지 이해할 수가 없었다.

"뭔가를 꼭 그렇게 간절히 하고 싶다면……. 히로토, 다른 일을 할 수도 있잖아."

유마가 힘겹게 입을 떼었다.

"다른 일?"

"얘들아, 사실은 나도 가게에 몇 번 갔어. 거기 가면 나한테 항상 말을 걸어 주는 할머니가 계셨는데…….”

유마는 반 아이들을 바라보며 말을 이어 갔다.

“그 할머니는 다리가 불편해서 무거운 걸 못 드셔. 그래서 하루에 몇 번씩 나누어서 장을 보러 나오시지. 내가 할머니 짐을 한꺼번에 모아서 들어다 드린 적도 있어.”

히로토의 보리차를 처음 사 주셨던 단골 할머니 이야기였다. 생각해 보면 할머니는 ‘방과 후 뭐든지 시장’이 생긴 후에도 매일 가게에 들렀다.

“우리 주변에 어려움을 겪는 사람은 그 할머니 말고도 많을 거야. 자원봉사든 뭐든 할 수 있지 않을까? 돈 버는 건 그만하고, 이제 그런 방향으로 생각해 보면 좋을 것 같아.”

정의감이 큰 유마다운 발상이었다. 유마는 절대로 약자를 괴롭히는 일이 없었다. 누가 싸우는 걸 보면 반드시 끼어들어서 말렸다. 단골 할머니를 유독 잘 따르기도 했다. 도움이 필요한 할머니를 사업이 끝났다고 해서 내버려둘 리가 없었다.

그때 다른 아이가 말을 꺼냈다.

“우리 할머니도 다리가 많이 안 좋으신데, 큰 마트나 시장까지 장 보러 가기 귀찮다고 집 앞 편의점에서 다 사서. 요즘 편의점은 뭐든지 다 팔고, 또 어디에나 있으니까.”

히로토는 곰곰 생각에 잠겼다.

유마 말에도 일리가 있었다. 사업이 돈벌이에만 한정되는 건 아닐 터였다. 실제로 이번 경험을 통해 많은 사람에게 고맙다는 말을 들었다. 분명 사업으로 할 수 있는 뭔가가 있을 텐데.

린 역시 생각에 깊이 잠긴 얼굴로 조금 전에 들은 말을 다시 읊조렸다.

"뭐든지 팔고, 어디서든 사고……."

히로토는 유마가 말한 걸 어떻게 사업으로 연결할 수 있을지 고민했다. 어쨌든 도움이 필요한 사람이 존재한다는 건 '수요'가 있다는 얘기였다.

"잠깐만! 그거, 잘하면 사업이 될 수 있을지도 몰라. 유마 말대로 가게에서 파는 물건을 배달해 준다든가 하면……."

히로토는 《십 대를 위한 경영 노트》를 교탁 밑에서 살짝 펼쳐 보았다. '제품과 서비스' 꼭지로 넘어가자 다음과 같은 내용이 나왔다.

<hr>

책 속의 책 ──○──○

자동차를 예로 들어 보자. 자동차는 단순히 제품일까? 자동차를 구매한 사람은 단지 거대한 고철 덩어리를 산 것이 아니다. 교통수단으로써 안전하고 쾌적한 이동 서비스를 함께 구매한 것이다.

자동차를 사지 않고 택시를 이용하는 사람도 있다. 단순히 말하면 자동차를 구매할 것인지 택시를 이용할 것인지, 각자의 취향에 따라 서비스를 선택하는 것이다. 서비스를 제공받는다는 점에서는 둘 다 똑같다.

이처럼 서비스는 고객이 '해 달라는 일'에만 국한되는 것이 아니라, '원하지 않는 일'까지도 대신할 수 있어야 한다.

다음 장에서는 '부가 가치'에 대한 설명이 이어졌다. 상점은 손님들이 상품을 찾아 돌아다니는 수단이나 비용을 없애는 데서 부가 가치를 얻는다.

책 속의 책

슈퍼마켓이나 쇼핑몰에서 파는 상품을 예로 들어 보자. 슈퍼마켓이나 쇼핑몰에서는 다양한 회사에서 만든 제품을 판매한다. 그 제품들을 진열해서 팔기만 할 때는 부가 가치가 어떻게 될까?

그 경우에도 부가 가치가 생겨난다. 그래서 매입 당시의 금액보다 판매 가격이 올라가는 것이다. 슈퍼마켓이나 쇼핑몰에서는 고객이 원하는 물건을 찾기 편하도록 '갖추어 놓고 보관한다'는 부가 가치가 있다.

개인이 직접 농가나 산지로 가서 물건을 사려면 차를 타고 먼 곳까지 가야 한다. 그것을 얻기 위해 들여야 하는 비용이나 시간이 훨씬 더 많이 필요하다. 슈퍼마켓이나 쇼핑몰은 그런 수고를 덜어 준다.

☆ 어디든 찾아가는 100원 마켓!

"뭐든지, 어디든지……."

히로토가 이렇게 중얼거리자 유마가 되물었다.

"뭐?"

"생각 좀 하느라고. 결국 장보기가 힘든 사람들의 수고를 우리가 덜어 주자는 거잖아……."

아까부터 뭔가 생각이 날 듯 말 듯했다. 딱 한 걸음만 더 나아가면 될 것 같은데, 딱히 이렇다 할 아이디어가 떠오르지 않았다. 그때 린이 히로 토에게서 《십 대를 위한 경영 노트》를 뺏어 들며 말했다.

"이동 판매는 어때? 가게가 찾아가면 되는 거잖아."

히로토가 고개를 크게 끄덕였다.

"그래……, 바로 그거야. 유마 생각은 어떻니? 이동 판매 서비스라면 할머니의 짐을 들어다 드리는 거랑 마찬가지잖아."

"근데 우리는 차가 없는데, 어떻게 집까지 찾아간다는 거야?"

유마의 표정이 아까보다 훨씬 밝아졌다.

"그건 또 그렇네. 음, 자전거는 어때?"

린이 고개를 끄덕이며 대꾸했다.

"사람들이 보통 장 보는 시간대에 맞춰서 자전거에 물품을 싣고 동네를 한 바퀴 도는 건 어떨까?"

히로토도 거들었다. 그러면서도 마음 한구석에서 바로 의문이 생겼다.

'자전거로 운반할 수 있는 물품이 좀 한정적일 텐데…….'

그래서 이렇게 물었다.

"물건이 너무 크거나 많으면 자전거에 다 못 싣지 않을까?"

린이 장난스레 웃으면서 대답했다.

"그런 문제라면, 힘센 히로토가 열심히 해 주면 돼."

그러자 아이들이 와하하, 웃었다. 린의 농담 덕에 교실 분위기가 다시금 밝아졌다.

히로토는 마음이 좀 놓였다. 세부적인 건 지금부터 생각해도 될 듯했다. 이 사업에 모두 찬성한다면 나머지는 어떻게든 될 것 같았다. 린의 말처럼, 나만 열심히 하면 되니까. 이젠 나 혼자가 아니라 '우리'가 되었으니까.

히로토는 유마를 바라보았다. 무엇보다 이번 사업에는 유마의 도움이 필요했다. 그래서 한 가지 제안을 했다.

"애들아, 유마를 마케팅 이사로 선임하는 거 어때? 모두 알다시피, 유마는 힘이 좋잖아. 린, 괜찮지?"

"음, 좋아. 유마가 체력 하나는 끝내주지."

린의 말을 듣고 유마가 멋쩍게 웃으며 어깨를 으쓱했다.

"엥? 마케팅 이사? 뭐, 모두가 원한다면야."

할머니를 돕는 사업이라 굳이 반대할 이유가 없었다.

아이들 역시 유마가 마케팅 이사가 되는 것에 기꺼이 동의했다. 이제 판매할 상품을 정하는 일이 남아 있었다.

히로토가 말했다.

"유마, 고마워. 근데 네가 아무리 힘이 세다 해도 한꺼번에 다 가지고 다니는 건 무리니까, 우리가 팔 수 있는 것들부터 생각해 보자."

"그럼 손님이 원하는 물건이 없을 수도 있겠네?"

"그러게, 종류를 한정하면 안 되는 거 아냐?"

이런저런 논의로 아이들 사이에 열기가 뜨거워졌다.

"우유나 주스, 간장 같은 건 어떨까? 조금 무겁긴 하지만 부피가 작아서 괜찮을 것 같은데."

누군가의 의견에 히로토가 고개를 끄덕이며 수긍했다.

"근데 그거, 생각보다 무거워."

유마의 한마디에 다시 얘기가 원점으로 돌아갔다. 차라리 간장 한 가지만 운반하는 건? 그런데 사람들이 간장을 그렇게 자주 사던가? 그냥 우유만 하면? 정기 배달이 있는데 굳이 우리한테서 우유를 살까? 히로토는 이리저리 머리를 굴려 보았다.

린은 단골 할머니의 생활 패턴을 머릿속으로 그려 보았다. 거의 매일 장을 보러 나오는데, 아마도 혼자 사는 것처럼 보였다. 우유나 주스를 꼭 하나씩은 샀다. 근데 그걸 혼자 다 마실 수 있을까?

"사실 그 단골 할머니 입장에서 우유는 하루 한 컵이면 되지 않을까? 간장은 더 그럴 거고. 아주 적은 양만 필요할 것 같지 않아?"

"그래, 맞아! 우리 할머니 집에도 가 보면 간장 같은 조미료는 대부분 다 못 쓰고 유통 기한이 지나 버리더라고."

린의 말에 히로토가 맞장구를 쳤다. 어쩌면 좋은 아이디어가 나올 것 같기도 했다.

"전에 우리 엄마가 그랬어. 편의점이 생기기 전에는 간장이나 된장 같은 걸 이웃에서 조금씩 빌리거나 또 빌려주었다고. 그러는 일이 많았대!"

"그래서?"

유마가 되물었다. 히로토는 말을 이어 나갔다.

"그러니까 우유, 주스, 간장, 된장, 소금, 설탕……. 또 뭐가 있을까? 아무튼 매일 쓰지만 조금씩 필요한 것들을 자전거에 싣고 다니면서 하루에 필요한 양만큼만 파는 거지."

"그럼 우유 한 컵, 설탕 한 스푼, 이런 식으로 파는 건가? 와! 괜찮은데?"

유마 눈이 휘둥그레졌다.

"음, 근데 후춧가루는 어떻게 해? 두어 번 톡톡 털어서 덜어 줘야 하나?"

"아, 그러면 좀 지저분해질 것 같은데……."

히로토는 다시 생각에 잠겼다. 스푼이나 컵을 들고 다녀야 하는 걸까? 이제 거의 다 온 것 같았는데, 실제로 장사하는 모습을 머릿속으로 상상하자 뭔가 현실성이 떨어지는 부분이 있었다.

그때 린이 나섰다.

"우리 가게에서 반찬도 팔잖아. 작은 팩에 그날 만든 반찬을 조금씩 담거든. 그러니까 소금이나 후추도 조금씩 나누어 담으면 되지 않을까?"

"그래! 미리 나누어 놓으면 되겠다!"

순간 히로토는《십 대를 위한 경영 노트》에서 읽었던 내용이 떠올랐다.

　내용물과 용량이 똑같아도 자동판매기에서는 두 배가량 더 비싸다. 자동 판매기의 음료는 그 자리에서 간편하게 구한다는 장점이 있기 때문이다.

　500밀리리터 생수가 2리터 생수와 가격이 같은 이유도 병이 작아 운반 이 쉽다는 장점이 있어서라고 했다. 애초에 사업에 눈을 뜬 계기가 이거 였다.

　"린, 굿 아이디어! 무 같은 채소도 잘라서 팩에 담아 놓고 파는 거야."

　히로토 말에 유마도 기꺼이 찬성했다.

　"좋네, 이것저것 다양하게 들고 가도 그다지 안 무겁고."

　드디어 우리들의 새로운 사업이 구체적인 모양을 띠기 시작했다.

　"가격은 어떡하지?"

　히로토가 묻자 린이 대답했다.

　"우유, 주스, 간장은 1리터당 대략 2,500원 정도야. 한 컵을 100그램이 라 치면 200원 정도 되는데, 그냥 전부 100원으로 내놓으면 어떨까? 대충 1그램을 10원으로 잡고, 10그램에 100원으로 파는 거지. 예를 들어 소금 이나 후추가 10그램이면 100원, 우유가 10리터면 100원, 이런 식으로."

　"그래! 균일가 좋아! 린, 그렇게 하자. 100원 균일가 마켓으로!"

　히로토는 린에게 새삼 감탄했다. 계산하기도 수월할뿐더러 손님들에 게도 쉽게 각인될 것 같았다.

"자, 이렇게 해서 우리의 다음 사업이 결정되었어! 앞으로는 '방과 후 어디든지 시장'이야!"

"와, 방과 후 어디든지 시장!"

"좋아, 좋아!"

환호성과 함께 박수 소리가 터져 나왔다.

새 사업은 이렇게 하기로 했다. 우선, 그동안 번 돈으로 바구니를 사서 히로토와 유마의 자전거에 하나씩 부착한다. 그리고 사람들이 매일 쓰는 생필품 가운데서 포장 단위가 큰 것들을 고른 다음, 소량으로 나누어 다시 담는다.

다행히 필요한 물품들을 린네 가게에서 바로 살 수 있었다. 한 컵이나 한 스푼으로 나누어 담을 용기도 팔았다.

"근데 손님들은 어떻게 모으지?"

유마가 물었다.

"자전거를 타고 다니면서 큰 소리로 홍보하면 되지 않을까? '방과 후 어디든지 시장'이 왔어요, 하면서 말이야."

히로토가 대답했다.

"뭐, 그것도 나쁘진 않네."

"하지만 생각보다 힘들걸."

린이 걱정스러운 표정으로 말했다.

자전거를 타고 가면서 크게 소리를 지르는 건 사실 보통 일이 아니긴

했다.

히로토는 잠시 생각에 잠겼다. 어떻게 하면 좀 더 효율적으로 판매할 수 있을까? 다른 사람들은 이동 판매를 어떻게 하더라? 가끔씩 동네에 찾아오는 재활용 수거 트럭이나 과일 판매 트럭을 보면 스피커로 사람들을 불러 모았다. 맞아, 그거야!

"아오이가 노래를 부르는 건 어때? '방과 후 어디든지 시장' 노래를 만들어서 녹음한 다음, 계속 틀면서 동네를 돌아다니는 거야."

히로토는 자기가 말하면서도 꽤 괜찮은 아이디어 같아서 어깨가 으쓱해졌다. 아오이는 자기 이름이 나오자 깜짝 놀라서 고개를 번쩍 들었다.

"정말? 그래도 돼? 나, 하고 싶어! 할래!"

"으악! 자전거를 타고 다니는 사람의 입장도 좀 생각해 줘. 노래를 크게 틀고 다니면 엄청 부끄러울 것 같은데."

유마가 툴툴댔다.

"하하! 유마, 금방 익숙해질 거야."

히로토가 유마를 달래며 아오이에게 말했다.

"아오이, 홍보용 노래 만들어 줄 수 있지?"

"당연하지! 나만 믿어."

교실이 한층 시끌해졌다. 두 번째 주주 총회는 그렇게 마무리되었다.

'방과 후 뭐든지 시장'은 이제 '방과 후 어디든지 시장'으로 이름이 바뀌었다. 소량이지만 날마다 사용하는 식재료를 취급하기로 했다. 우유, 주스,

된장, 간장, 식초, 설탕, 소금, 후추, 그리고 무나 호박 같은 무거운 채소도 포함되었다. 여기까지 정해졌으니, 이제 실행하는 일만 남아 있었다.

☆ 누가 학교에 제보를 했다고?

여름 방학 동안, 거리 곳곳에서 아오이의 자작곡이 울려 퍼졌다.

"방과 후 어디든지 시장, 우유와 주스와 조미료! 방과 후 어디든지 시장에 맡겨 주세요! 한 컵, 한 숟가락, 무조건 100원! 방과 후 어디든지 시장!"

누군가가 자전거를 불러 세웠다. 단골 할머니였다.

"얘, 잠깐만."

"앗, 할머니. 안녕하세요!"

유마가 반가워하며 핸들을 돌렸다.

요즘 유마는 사업하는 재미에 푹 빠져 있었다. 혼자서는 엄두도 못 내는 일을 친구들과 함께하는 것도 즐거운 데다, 손님들에게 고맙다는 인사를 심심찮게 듣고 있어서 기분이 정말 좋았다. 게다가 이 모든 게 돈이 된다니! 이렇게 재미있는 일이 어디 또 있을까?

"간장 10리터랑 오렌지주스 100리터 있니?"

"네, 감사합니다! 모두 1,100원이에요!"

"마침 잔돈까지 딱 맞네. 여기!"

"감사합니다!"

"나도 고마워."

손님들과의 대화는 보통 이런 식이었다.

아이들은 '방과 후 어디든지 시장'을 하고서야 비로소 깨달았다. 생각보다 많은 사람들이 유통 기한 내에 식재료를 소비하지 못해 고민한다는 사실을. 매일매일 신선하게 사용할 수 있다는 점에서 많은 사람들이 이동 판매 사업을 적극 환영해 주었다. 아이들의 여름 방학은 그렇게 지나가고 있었다.

무더운 8월도 어느새 끝자락에 접어들었다. 그날도 유마는 자전거로 거리를 종횡무진 내달리고 있었다. '방과 후 어디든지 시장'을 찾는 손님들의 얼굴을 보고 있으면 피곤함 따위는 씻은 듯이 날아가 버렸다.

바다에 접해 있는 거리는 경사가 완만해서 자전거로 달리기에도 그리 힘들지 않았다. 유마는 한때 부끄럽다고 했던 아오이의 노래를 따라 흥얼거렸다.

"……무조건 100원! 방과 후 어디든지 시장."

'오늘 장사는 이 정도인가 보네.' 하면서 얼굴을 들었다. 마침 석양이 수평선 너머로 지고 있었다. 하늘 가득 펼쳐진 노을 속의 태양은 평소보다 훨씬 더 커 보였다. 유마는 너무나 아름다운 풍경에 시선을 온통 빼앗겼다.

자전거를 멈추고 노래도 껐다. 하늘과 같은 색으로 물든 바다에서 파도 소리가 들려왔다. 멍하니 바라보고 있으려니 갑자기 몸이 노곤해졌다. 해

안가에 있는 벤치에 앉아 한숨 돌리기로 했다.

유마는 벤치에 앉으려다 엉덩이에 통증이 느껴져서 벌떡 일어났다.

"아야, 뭐야?"

벤치에 맥줏병 뚜껑이 뒤집혀져 있었다. 그 옆에는 과자 봉지도 버려져 있었다. 그게 다가 아니었다. 주변을 살펴보니 곳곳이 쓰레기 천지였다.

"이럴 수가……. 쓰레기가 왜 이렇게 많지?"

유마는 병뚜껑과 과자 봉지를 줍기 시작했다. 근처에서 나뒹구는 비닐 봉지에 페트병과 깡통, 빨대도 주워 담았다. 한숨이 절로 나왔다. 심지어 쓰다 버린 텔레비전과 냉장고까지 아무렇게나 널브러져 있었다.

"뭐야, 이게……."

유마 혼자서 어찌할 수 있는 일이 아니었다. 집으로 돌아가는 길 내내, 자전거 페달이 평소보다 유난히 무겁게 느껴졌다.

2학기가 시작되었다. 담임 선생님이 반 아이들의 시선을 집중시켰다.

"주목!"

"네!"

아이들은 일제히 선생님을 바라보았다. 그러나 아직은 방학 때의 자유로운 기분에서 완전히 헤어나지 못한 표정들이었다.

"선생님은 지금 몹시 슬프다."

그 한마디에 교실 분위기가 착 가라앉았다.

"히로토, 린, 유마. 너희 셋은 여름 방학 동안 뭔가를 열심히 했다는 것 같은데……?"

히로토는 불안감이 훅 느껴졌다. 뭐지? 혹시 우리 사업이 들킨 걸까? 어떻게 아신 거지? 처음부터 선생님께 말씀드릴 걸 그랬나?

히로토는 쥐방울만 한 목소리로 되물었다.

"그게, 무슨, 말씀이세요……?"

"시치미 떼지 마. 학교에서 제보를 받았으니까. 여하튼 정말 놀랐다."

히로토는 식은땀이 주르르 흘렀다. 이 일을 고깝게 여긴 누군가가 제보를 한 모양이었다. 누구일까? 다른 반 학생? 아니면 설마 우리 반에……?

온갖 생각이 머릿속에서 빙글빙글 돌았다.

"오늘 이 건으로 교장 선생님께 불려 갔어. 무슨 소린지 도통 몰라서 얼마나 난감했던지……."

히로토는 걱정스러운 얼굴로 린을 돌아보았다. 아이들은 함께 사업을 하면서 그 전과 많이 달라졌다. 린도 마찬가지였다. 이제 더는 학교에서 무작정 성실하기만 한 회장이 아니었다. 린 역시 불안한 표정이었다.

5

쓰레기 삽니다, 쓰레기 사요!

"누가 학교에 제보했는지 궁금하지? 오래전에 우리 학교 선생님으로 계셨던 분이 편지를 보내셨대. 교장 선생님이 여기 학생이셨을 때, 담임 선생님이었다나 봐. 아무튼 굉장히 큰 감동을 받으신 모양이야."

뭐, 감동이라고? 히로토는 그 말을 이해하는 데 시간이 한참 걸렸다. 모두가 아는 그 감동이 맞겠지? 선생님이 편지를 찬찬히 읽어 내려갔다.

자동판매기 옆에서 팔던 얼음 보리차가 매우 맛있었다는 이야기, 학생들이 만든 작은 채소 가게 간판이 무척 귀여웠다는 이야기, 불편한 다리로 장보기가 힘들었는데 자전거로 집 앞까지 배달해 주어서 진짜 고마웠다는 이야기가 선생님 입을 통해서 하나하나 흘러나왔다.

"앗, 그 단골 할머니!"

유마가 소리쳤다. 그제야 히로토와 린은 사르르 긴장이 풀렸다.

"어떤 분인지 아는 모양이구나. 선생님은 너희가 아주 자랑스럽다."

"……그럼 저희, 안 혼나는 건가요?"

히로토가 조심스레 물었다.

"애초에 너희를 야단칠 생각은 없었어. 린네 가게 일을 거든다고 지레짐작하고 있었지. 물론 선생님한테 처음부터 말해 주지 않은 건 무지 서

운했지만."

히로토와 린은 가슴을 쓸어내렸다. 자신들이 한 일이 틀리지 않았다는 생각에 마음이 벅차올랐다. 린은 마치 기다렸다는 듯 손을 번쩍 들었다.

"선생님, 그럼 앞으로 쉬는 시간이나 방과 후에 다 같이 모여서 사업 운영에 대해 논의해도 괜찮을까요?"

"글쎄, 그건 어떻게 해야 하나? 동아리처럼 학교가 인정한 활동은 아니어서 말이야. 뭐, 잠깐씩이라면 괜찮지 않을까?"

아이들은 서로 바라보며 기쁨에 찬 미소를 나누었다.

점심시간에 제3회 주주 총회가 열렸다. '방과 후 어디든지 시장'의 매출이 조금씩 증가하여 어느새 수십만 원이 되었다. 그 돈을 주주들과 나눌 것인지, 아니면 다른 사업에 투자할 것인지 결정해야 했다.

히로토가 교단에 올라서자 린과 유마가 그 옆에 나란히 섰다.

"선생님께 정식으로 허락을 받아서 다행이야. 오늘은 여름 방학 때 했던 '방과 후 어디든지 시장'에 대한 사업 보고를 할게."

히로토에게서 예전의 의기소침한 모습은 더 이상 찾아볼 수 없었다.

"매출이 무려 60만 원 가까이 돼!"

"와, 대박!"

"그럼 대략 2만 원 정도씩 받을 수 있는 거야?"

지난번보다 금액이 커지자 아이들이 기분 좋게 술렁였다.

"모두, 잠깐만!"

이제 본론으로 들어갈 차례였다. 히로토는 숨을 크게 들이마셨다.

"사업은 성공적이었어. 다 너희들 덕분이야. 그래서 새 사업을 또 시작해 볼까 하는데……."

"그럼 '방과 후 어디든지 시장'은 그만두는 거야?"

누군가 묻자 히로토는 고개를 가로저었다.

"아니, 계속할 거야. 기다리는 손님들이 있으니까."

"앞으로 뭘 더 한다는 건데?"

"그걸 지금부터 생각해 보자는 거야. '방과 후 어디든지 시장'은 익숙해졌으니까 유마랑 나랑 교대로 배달해도 충분할 것 같거든."

어느 시간대에 많이 팔리는지 파악해 보니, 아침 10시부터 11시까지와 오후 4시부터 5시까지에 매출이 집중되었다. 어차피 방학이 끝나서 오전에는 '방과 후 어디든지 시장'을 지속할 수가 없었다.

그때 아오이가 손을 들었다.

"나, 아이디어가 하나 있어. 처음에 '방과 후 뭐든지 시장'이었다가 나중에 '방과 후 어디든지 시장'이 되었잖아. 이번에는 '방과 후 언제든지 시장'이 맞을 것 같은데? 편의점처럼 언제든 찾아갈 수 있는 마켓을 차리는 거야!"

"오오."

교실이 또다시 수런거리기 시작했다. 아이들은 금방 흥미로워했다. 뭐든지, 어디든지, 언제든지! 히로토 생각에도 사업의 방향성이 좋은 것 같았다. 하지만 현실적으로 가능한 일인지 의구심이 살짝 들었다.

아니나 다를까, 린이 곧바로 질문했다.

"학교는 어쩌고?"

"음, 지금보다 더 많은 아이들이 참여하면 되지 않을까?"

아오이가 해맑은 표정으로 대답했다. 그러자 히로토가 물었다.

"너도 도울 거야?"

"그건 다른 얘기지. 이건 단지 아이디어일 뿐. 나는 하루하루가 바빠."

"아니, 그게 뭐야……."

히로토는 속으로 아오이가 참 무책임하다고 생각했다. 그렇다고 해도 아이들이 조금씩 도와준다면 사업을 하는 데는 큰 문제가 없을 듯했다.

"그렇게 일손이 부족하면, 네가 가끔씩 학교를 빠지면 되잖아?"

아오이가 한마디 툭 던졌다. 히로토는 농담이라 생각하고 그 말을 그냥 지나쳤다. 그런데 유마가 갑자기 끼어들었다.

"그래도 결석은 안 되지."

"맞아, 학교를 빠지는 건 안 돼."

린도 거들었다. 그러면서 얘기가 다시 원점으로 돌아갔다.

아오이가 또 손을 들었다.

"그럼 거리에서 버스킹을 하면서 티셔츠를 팔자."

아오이는 자신의 노래가 '방과 후 어디든지 시장'의 홍보곡으로 쓰이면서 사업에 차츰 흥미를 갖기 시작했다.

"글쎄……, 린의 생각은 어때?"

히로토는 난감한 기분이 들어서 린에게 슬쩍 떠넘겼다. 아오이한테 이끌려서 '방과 후 주식회사'의 새로운 사업 아이템이 결정되는 것 같은 느낌을 주기가 싫어서였다.

"글쎄……."

린도 히로토와 같은 생각인지 말끝을 흐렸다.

곧이어 다른 아이들이 번갈아 손을 들었고, 여러 가지 아이디어가 쏟아져 나왔다. 하지만 좀처럼 의견이 모이지 않았다.

"저기, 있잖아."

내내 의견을 내지 않던 유마가 조심스럽게 입을 열었다. 유마는 주먹을 꼭 쥐고 있었다. 일어나서 말하는 게 어려워서 용기를 그러모으는 중인 듯했다.

"'방과 후 언제든지 시장'이 아니라도 우리가 할 수 있는 사업은 많다고 생각해. 실은 얼마 전에 배달을 끝내고 집으로 돌아가는 길에 바닷가 석양을 봤거든. 참 예뻤어."

"어머나! 너, 로맨틱한 면이 있구나?"

아오이가 놀리듯이 말했다. 유마는 아랑곳없이 말을 이었다.

"근데 바닷가가 쓰레기 천지인 거야. 바다랑 하늘은 더없이 예쁜데, 바닷가에는 병이랑 깡통, 플라스틱 같은 게 엄청 많이 나뒹굴고 있었어. 무슨 말을 어떻게 해야 할지 잘 정리가 안 되는데, 여하튼……."

유마는 자신이 보았던 일에 대해 더듬더듬 말을 이어 갔다. 같은 말을 되풀이하기도 하고, 앞뒤가 안 맞게 횡설수설하기도 하고, 말문이 턱 막힐 때도 있었지만, 어느새 아이들은 너나없이 유마의 말에 귀를 기울이고 있었다.

유마의 말이 끝나자 모두 기다렸다는 듯 한마디씩 거들었다.

"나도 모래톱에서 깨진 병 조각을 밟는 바람에 발을 크게 다친 적이 있었어."

"아빠가 잡은 물고기 배 속에 플라스틱 조각이 잔뜩 들어 있었대."

"학교 근처에 있는 강 있잖아? 지금은 지저분하게 방치되어 있지만, 예전에는 송사리도 헤엄치고 개똥벌레도 날아다녔다던데?"

"얼마 전에 동물원의 코끼리가 쓰레기가 간식인 줄 알고 주워 먹다가 목에 걸려서 죽었다는 얘기를 들었어."

아이들이 다양한 이야기를 쏟아 내자 유마는 한 번 더 용기를 냈다.

"다음 사업에서는 이런 문제에 대해 생각해 보는 거 어때?"

히로토는 아무 말도 하지 못했다. 꼭 필요한 일이기는 하지만, 어떻게 해야 할지 갈피를 잡기가 어려웠기 때문이다.

"나는 찬성!"

린이 말했다. 교실에 잠시 정적이 흘렀다. 히로토는《십 대를 위한 경영 노트》에서 본 '비전' 꼭지를 머릿속에 떠올렸다.

회사나 조직은 모두 달성하고자 하는 목적을 가지고 있다. 따라서 그 목적이 무엇인지, 바꾸어 말해 어떤 비전을 가지고 있는지 명확하게 제시해야 한다.

비전이 없는 회사는 오래가지 못한다. 비전이 있기에 제품을 개발할 수 있고, 그 비전을 믿기에 투자자가 주주로 참여하는 것이다. 그런 만큼 사업을 지속하려면 올바른 비전을 제시하는 것이 아주 중요하다.

그동안 히로토와 린, 유마가 함께 운영한 '방과 후 주식회사'는 비전이 명확하지 않았다. 그런데 바로 지금 그 비전이 또렷해지는 순간이었다. 우리의 사업으로 동네의 문제점을 해결해 나가자!

표현이 아주 멋있지는 않지만, 이것이 우리 모두를 하나로 단결시키고 있었다.

히로토가 나서서 목소리를 높였다.

"내 생각도 유마와 같아. 앞으로 '방과 후 주식회사'가 우리 동네에 나타난 문제점을 하나씩 해결해 보는 거야. 그게 우리의 사업 비전이라 할 수 있지!"

아이들이 손뼉을 치며 호응해 주었다. 오늘따라 교실의 열기가 무척 뜨거웠다. 점심시간이 끝났다는 걸 알리는 종이 울렸지만 아무도 듣지 못했다.

☆ 쓰레기도 쓸모가 있다면…

수업이 모두 끝난 후 히로토와 린, 유마 세 사람은 교실에 남았다. 쓰레기 무단 투기 문제를 해결하고, 회사의 비전을 실현하기 위해 머리를 맞대었다.

히로토가 먼저 입을 열었다.

"거리에 있는 쓰레기를 어떻게 없애지?"

"글쎄."

"애초에 쓰레기가 생기지 않는 것만 팔면 되지 않을까?"

"그래, 그것도 맞는 말인데……."

히로토와 린은 이런저런 이야기를 나누었다.

유마는 바닷가에서 쓰레기를 주웠을 때를 떠올렸다. 하도 많아서 혼자서는 도저히 다 주울 수가 없었다.

"그냥 다 같이 다니면서 쓰레기를 줍는 건 어때? 여름 방학 때 나 혼자서 주워 봤는데, 그 양이 정말 장난 아니었거든."

그러자 린이 대답했다.

"그동안 모은 돈으로 주스나 과자를 사서 캠페인을 하면 사람들이 좀 모이지 않을까?"

히로토는 둘의 대화를 듣고 고개를 끄덕였다. 그러면서도 마음 한구석에선 걱정스런 마음이 고개를 들었다.

"그러다간 돈이 점점 줄어들어서 얼마 못 가 멈출 것 같은데."

히로토의 말에 유마와 린은 입을 꾹 다물었다.

한동안 침묵이 이어졌다. 어떻게 하면 즐거운 마음으로 아이들이 참여하고, 또 사업이랑도 연결할 수 있을까? 쓰레기, 쓰레기……. 어?

갑자기 히로토가 빙그레 웃었다.

"그러고 보니 우리가 처음 사업을 시작했을 때 말이야. 누가 빈 상자를 가져오지 않았어? 아마 그 상자가 100원 정도 했던 것 같은데 의외로 금방 팔렸잖아! 이런 쓰레기를 누가 사느냐고 비웃었는데 말이야."

"맞아!"

린도 따라 웃었다. 그러다 뭔가 퍼뜩 생각난 듯한 표정을 지었다.

"방금 생각났는데……, 우리가 쓰레기를 사는 거야. 그러면 버리는 사람이 줄어들겠지. 버리지 않고 팔면 돈이 되니까."

히로토와 유마가 고개를 크게 끄덕였다. 좋은 생각이었다. 하지만 쓰레기를 사느라 돈을 모두 써 버리면?

"근데 그렇게 되면 자원봉사랑 뭐가 다르지? 기껏 모아 놓은 돈만 없어지는 거잖아."

히로토는 이렇게 말하고 다시 생각에 잠겼다. 쓰레기만 주워도 안 되고, 쓰레기를 사기만 해도 안 되었다. 그동안 사업을 하면서 깨달은 게 한 가지 있었다. 좋은 아이디어가 떠오르면 실현시키는 데 그치지 말고 '지속'할 수 있어야 한다는 것! 무엇이든 계속 이어서 하려면 사업으로 연결

짓는 수밖에 없었다.

"그럼 샀다가 도로 팔면 되지 않나……?"

린이 중얼거렸다.

"그래, 바로 그거야! 쓰레기를 사서 되파는 거…….'

하지만 어떻게? 문득 토마토와 오이를 처음 수확했을 때가 떠올랐다.

"우리가 채소를 처음 수확했을 때 팔지 않았다면 그대로 쓰레기가 되었겠지."

"맞아, 내 문제집도 처음에는 버리려고 했어."

유마 말에 히로토가 웃음을 지었다.

린이 말했다.

"채소와 문제집이 진짜 쓰레기는 아니잖아. 쓰레기가 되기엔 아까운 것들이지. 그 문제집이 유마에겐 쓰레기나 다름없지만, 나에겐 꼭 필요한 것이었다고."

히로토는 또다시 생각에 잠겼다.

"그럼 그 책을 같이 읽어 볼까?"

린이 제안했다.

"뭐? 그 책? 그게 뭔데?"

"아, 참! 유마, 너한테는 얘기 안 했지? 린이랑 나, 《십 대를 위한 경영 노트》라는 책을 읽고 있거든."

히로토는 《십 대를 위한 경영 노트》를 책가방에서 꺼냈다. 책상에 올려

놓자 중간 부분이 탁 펼쳐졌다.

"아, 여기까지 읽었는데 '회계' 꼭지가 재미있긴 했어. 지금 우리가 나누는 이야기와는 딱히 상관없지만."

그런데 그 옆에 있는 문장이 히로토의 눈에 들어왔다.

(책 속의 책)————○————○

인기 있는 카드 게임 시리즈가 있다고 치자. 점원이 팔려고 굳이 고군분투하지 않아도 누구나 앞 다투어 사려고 할 것이다. 가게 앞에 줄을 서면서까지 사려 할 수도 있다. 꼭 갖고 싶은 게 있으면 파는 곳을 검색해서 여기저기 찾아다니기도 한다.

사업 역시 마찬가지다. 고객이 '원하는 것'을 팔면 광고를 많이 하지 않아도 된다. 자기 발로 찾아오기 때문이다. 그렇게 하기 위해서는 고객의 마음을 잘 읽고 이해할 줄 알아야 한다. 이것이 마케팅이다.

그래도 "마케팅이 뭐야?" 하고 묻는 사람이 있다. 마케팅이란, 한마디로 '영업을 하지 않아도 알아서 팔리게 하는 것'이다. 조금 전에 살펴본 카드 게임 시리즈가 여기에 해당한다.

영업 사원이 자꾸 전화를 건다면 고객들의 반응이 어떨까? 대부분은 "필요 없어요." 하고 쌀쌀맞게 거절할 것이다. 이런 영업은 무척 힘이 든다. 팔리지 않는 것을 어떡하든 팔려고 하기 때문이다.

쓰레기와 카드 게임 시리즈의 차이는 무엇일까? 버리는 물건과 팔리는 상품! 이 두 가지를 나누는 기준은? 생각해 보면 '방과 후 뭐든지 시장'에서도 만약 팔리지 않았다면 쓰레기가 되었을 물건이 꽤 있었다. 히로토는 그 차이가 무엇인지에 대해 골똘히 생각했다. 그러다 '쓸모가 있느냐, 없느냐'의 차이로 생각이 점점 좁혀졌다.

"그래! 누군가에게는 쓰레기여도 어딘가에선 유용하게 쓰일 수 있어. 쓸모가 있다는 것을 알게 해 주는 거야!"

"쓸모라……."

린이 손가락으로 관자놀이를 톡톡 쳤다.

"예를 들면, 빈 상자에 색을 예쁘게 칠해서 장식품으로 쓰게 한다거나?"

"그래! 린, 바로 그거야."

히로토가 손뼉을 탁 쳤다. 하지만 그것만으로는 뭔가 부족했다. 조금 더 궁리해야 했다.

유마는 아까부터 생각에 잠겨 있었다. 쓰레기가 쓸모 있으려면 어떻게 해야 할까? 얼마 전에 '방과 후 뭐든지 시장'에서 산 프라모델을 조립한 적이 있었다. 그때 완성된 프라모델이 넘어지지 않도록 플라스틱 조각을 뒤쪽에 받쳐서 고정시켰다. 그 플라스틱 조각은 원래 쓰고 남아서 버리려던 거였다.

"프라모델 같은 건 어때? 얼마 전에 내가 사서 직접 조립해 봤잖아? 정말 재미있었어."

하지만 유마는 자신이 하고 싶은 말을 정확하게 전달하는 힘이 좀 약했다. 그래서 프라모델을 가지고 뭘 어쩌겠다는 건지, 히로토는 번뜩 알아듣지 못했다.

유마가 말을 이었다.

"쓰레기를 조립 설명서와 같이 파는 거지. 예를 들면 미니카 같은 걸 만들어서……. 안 될까?"

"아니, 좋은 생각 같아."

그제야 히로토가 큰 소리로 대답했다. 잡힐 듯하면서도 잡히지 않던 아이디어가 좀 더 또렷해졌기 때문이다.

"그래, 바로 그거야! 만들면 돼. 비닐 랩의 심지나 우유 팩, 빈 병 같은 걸 모아서."

"오오, 나도 만드는 거 좋아하는데."

린이 미소를 함빡 지었다. 쓸모가 있다면 더 이상 쓰레기가 아니었다.

"좋아! 그럼 정한 거다."

히로토가 린과 유마를 차례로 바라보았다. 사업의 방향이 잡힌 것만으로도 큰 진전이었다. 이제 세부적인 걸 결정하면 되었다. 히로토는 회사의 비전이 생긴 것에 가슴이 뿌듯해졌다. 거기에 힘을 보태는 친구들이 있어서 더없이 든든했다.

☆ 우리만의 사업 비전

다음 날, 그다음 날도 방과 후 교실은 열띤 회의로 떠들썩했다. 《십 대를 위한 경영 노트》에 나와 있듯이, 아이템을 사업으로 구체화하기 위해서는 상세한 '계획'이 필요했다.

(책 속의 책)──○──○

고객이 무엇을 원하는지 알았다면, 거기에 필요한 돈을 계산하고, 제품을 개발하기 위한 계획을 세운다.

계획은 항상 분명하게 세워야 한다. 그리고 그 계획이 실현 가능한 것인지 철저하게 점검한다. 혹시라도 문제가 생긴다면 계획을 수정하도록 한다.

히로토와 린, 그리고 유마가 세운 계획은 다음과 같았다.

첫째, 동네 사람들에게 쓰레기를 산다고 홍보한다. '방과 후 어디든지 시장'을 여전히 운영하고 있으니까, 히로토와 유마가 자전거로 배달을 하면서 알리도록 한다.

둘째, 쓰레기는 바닷가나 공원에 버려진 것들로 한정한다.

셋째, 깨끗이 씻어 놓은 것들만 구매한다.

넷째, 쓰레기로 장난감이나 생활용품을 만들 수 있도록 패키지를 구성하여 판매한다. 구매자에게는 조립 설명서를 같이 건넨다.

그런데 한 가지, 부족한 것이 있었다. 이번 사업은 입소문이 중요했다. 자전거를 타고 다니면서 노래를 틀거나 큰 소리로 주의를 끄는 걸로는 한계가 있었다.

《십 대를 위한 경영 노트》에는 다음과 같이 적혀 있었다.

책 속의 책 ───○───○

좋아하는 사람에게 먼저 고백을 하지 않으면 그 사람 마음을 전혀 알 길이 없다. 사업도 마찬가지다. 제품과 서비스를 판매하고 싶다면, 사람들에게 "이런 물건을 팝니다!" 하고 알려야 한다. 말하자면 광고를 해야 하는 것이다. 거리에서 전단지를 나누어 주거나 벽에다 포스터를 붙이거나 목소리를 높여 선전하거나 인터넷에 글을 올리는 것, 이 모든 것이 결국 광고다.

광고를 하기에 적당한 친구가 떠올랐다. 바로 아오이였다. 아오이는 노래를 만들고 부를 줄 알았다. 그림도 잘 그렸다. 유튜브에서 인기 아이돌의 영상을 많이 봐서 그런지 이런 방면으로는 그 누구보다 빠삭했다.

다음 날, 점심시간에 히로토는 아오이에게 다가가 말을 걸었다.

"잠깐 시간 있어?"

"왜? 고백이라도 하게?"

헉, 뭐라는 거야? 히로토는 당황해서 얼굴이 빨개진 채 주변을 황급히 둘러보았다. 다행히 그 말을 들은 사람은 아무도 없는 듯했다.

"아니, 방과 후 주식회사 때문에 말인데······."

히로토는 홍보를 맡아 달라고 정식으로 부탁했다. 이제 곧 시작하려는 사업에 아오이의 힘이 꼭 필요하다고 하면서 간곡히 설득했다. 아오이는 한껏 거드름을 피우며 대답했다.

"음, 근데 내가 좀 바빠서."

그 말에 히로토는 맥이 쭉 빠졌다. 그렇다고 이대로 포기할 수는 없었다. 이번 사업에는 아오이의 도움이 절실했다.

"그러지 말고 다시 생각해 봐. 이번엔 학교 끝나고 하면 되거든."

그때 린이 다가왔다.

"아오이, 나도 부탁할게."

린이 직접 부탁해서 그런지, 아오이는 아까보다는 마음이 약해진 듯이 보였다.

"근데 나, 집에 가면 유튜브도 봐야 하고 노래 연습도 해야 해서. 나한 테 노래를 만들어 달라는 거라면 괜찮지만, 날마다 너희랑 같이 다니면서 뭘 해야 하는 건 패스할래."

아오이는 자못 단호했다. 히로토는 지난번 주주 총회 때 버스킹을 하면 서 티셔츠를 팔자던 아오이의 말을 떠올렸다. 아오이도 사업에 전혀 흥미 가 없는 건 아니었다. 아오이가 관심을 보일 만한 건 딱 하나뿐이었다.

"아오이, 버스킹을 해 보는 거 어때? 네가 만든 노래를 더 많은 사람이 들을 수 있잖아."

모 아니면 도였다. 여기에 승부를 걸어야 했다.

"정말?"

아오이의 눈이 반짝였다. 린이 옆에서 말을 보탰다.

"환경 보호 콘서트 같은 걸 열어도 멋질 것 같은데?"

아오이의 상상력이 날개를 달았다. 환경 문제를 이야기하는 아이돌이
라면 사람들의 주목을 끌기도 좋을 테니까.

"오, 대박……."

마침내 아오이도 '방과 후 주식회사'에 합류하기로 마음먹었다.

☆ 출발! 에코 프라모

방과 후에 히로토와 린, 유마, 아오이 네 사람은 교실에 모여 새로운 사
업에 대해 논의를 이어 갔다. 그동안 나누었던 사업 내용을 들려주자 아
오이가 말문을 열었다.

"음, 아이템은 좋아. 근데 그걸로 반응이 폭발적이지는 않을 것 같은데."

"폭발적인 반응?"

히로토가 되물었다. 히로토는 이런 쪽으로는 감이 좀 안 잡혔다.

"유튜브나 SNS 같은 데서 엄청 화제가 되는 거 말야. 콘텐츠가 재미있
으면 그걸 보는 사람들이 알아서 널리널리 퍼뜨려 주거든."

"오오, 나도 유튜브 종종 보는데."

유마가 끼어들었다. 히로토가 다시 물었다.

"그럼 어떻게 해야 좋을까?"

"요즘 인터넷에서 가장 핫한 건 〈플레인 작전〉이라는 온라인 게임인데……."

아오이가 대답했다. 〈플레인 작전〉은 히로토도 들어 본 적 있었다.

"아이템을 모으면 근사한 성이나 요새를 만들 수 있어. 적의 요새를 부수면서 자기 것을 지키면 점수가 올라가고. 혹시 토니 아이가 프로게이머로 팀을 만들어서 세계 대회에서 우승했다는 뉴스, 봤어?"

"아아, 들어 본 것 같아."

히로토가 대꾸했다. 토니 아이는 요즘 매우 핫한 인물이었다. 우리나라에서 다섯 손가락 안에 드는 부자인 데다 최근 민간 우주 여행사도 세운다고 해서 세계적으로도 화제가 되었다.

"쓰레기로 만든 물건이긴 하지만……, 점수를 매기면 재미있지 않을까 싶은데."

히로토는 깜짝 놀랐다. 생각지도 못한 아이디어였다. 바야흐로 네 명이 모이니까 더 많은 생각과 더 많은 지식을 공유할 수 있었다.

"음, 챌린지를 하는 거야. 경쟁심을 돋우면 주목도 더 받을 수 있고."

린이 공책에 부지런히 적으며 말했다.

"일단 '쓰레기 삽니다!'라고 광고를 하자. 이건 아오이한테 부탁할게.

그러니까 성이나 요새를 만들 수 있게 패키지를 구성한 다음, 조립 설명서와 함께 내놓는다는 거지? 그리고 챌린지로 참여를 유도하고. 맞아?"

그 말에 아이들이 고개를 끄덕였다.

"그럼 챌린지 준비는 히로토, 조립 설명서는 유마, 광고는 아오이, 쓰레기 구매는 내가 하면 될까?"

"오~케이."

"좋아."

아오이와 유마가 동시에 대답했다. 잠시 후 히로토가 "잠깐만!" 하면서 제동을 걸었다. 아까부터 상품을 쓰레기라고 부르는 점이 마음에 좀 걸렸다.

"우리, 이 사업의 이름을 지어 보는 거 어떨까? 여기를 봐."

히로토는 《십 대를 위한 경영 노트》에서 '브랜드' 꼭지를 펼쳐 아이들에게 보여 주었다.

───(책 속의 책)───◦───◦

언제 먹어도 맛있는, 그래서 모두가 좋아하는 감자칩이 있다고 가정하자. 이렇게 인기 많은 감자칩이 투명한 비닐봉지에 들어 있다면 어떨까? 심지어 그 옆에 맛없는 감자칩이 나란히 있어서 구별하기 어렵다면?

이는 제조사와 고객 모두에게 불행한 일이다. 아무리 신제품을 많이 내고, 또 평가가 좋은 제조사라도 "이 제품은 우리가 만들었어요."라고 알리지 못한다면 고객이 고르기 어려울 수밖에 없다. 그래서 제품에는 반드시 이름이 있어야 한다. '우리 제품'이라는 로고를 붙이고 어떤 상품인지 잘 보이도록 포장을 해야 하는 것이다. 이것이 바로 브랜드다.

"여길 봐, 이름을 지어서 브랜드를 알리라고 하잖아."

아이들은 다시 고민에 빠졌다. 린은 습관처럼 관자놀이를 손가락으로 톡톡 두드렸다. 재활용품, 환경 문제, 지구 살리기……, 린은 여러 단어를 떠올리다가 '에코'라는 말을 생각해 냈다.

"에코 프라모, 어때?"

"뭐라고?"

"우리가 팔려고 하는 게 일종의 프라모델이잖아. 앞에 에코를 붙여서, 에코 프라모라고 하면 어떨까 싶어서."

린은 말하면서도 조금 부끄러웠다. 이름이 좀 이상한가 싶기도 해서였다. 하지만 아이들 중 누구도 린의 제안을 비웃지 않았다. 에코 프라모, 에코 프라모……. 히로토는 마음속으로 그 이름을 여러 번 되뇌었다. 한번 들으면 머리에서 잘 떠나지 않는 어감이었다.

"좋은데! 에코 프라모! 입에 착 붙어. 너희는 어때?"

히로토는 아이들을 쳐다보았다. 어느새 린의 뺨이 빨갛게 물들었다.

"괜찮은데?"

"좋은 것 같아!"

"그럼 이제부터 에코 프라모라고 부르자."

"응, 그 정도면 인터넷에서 알리기도 쉬울 거야."

히로토의 제안에 아오이도 찬성했다.

이렇게 해서 '방과 후 주식회사'의 다음 도전이 시작되었다. 쓰레기, 아니 재활용품을 매입해서 '에코 프라모'라는 브랜드로 판매하는 이번 사업은 '방과 후 에코 시장'이라는 이름으로 새로이 탄생했다.

히로토가 묻자 다들 자신의 생각을 늘어놓았다.

"성이나 요새는 어떻게 만들지?"

"우선 토대가 필요할 것 같은데."

"지붕이랑 창문도……."

"포대와 벽도 있어야 하지 않을까?"

"좋아, 쓸 만한 것들을 한번 적어 보자."

유마와 아오이가 유난히 더 집중하는 듯했다. 일반적인 프라모델처럼 조립 설명서에 부품을 명확하게 적어 넣을 수는 없었다. 성이나 요새를 만들 때 주의할 점과 참고 사항을 적어 놓을 뿐, 실제로 어떻게 쓸지는 구매자 스스로 생각해야 했다.

히로토와 린은 챌린지에 대한 이야기를 나누었다.

"점수를 공개하고 순위를 발표해야겠지?"

"그렇지 않을까? 오락실에 있는 격투 게임기를 보면 보통 20위까지는 공개하던데. 그래야 도전하는 맛이 날 것 같아."

요약하자면, '방과 후 에코 시장' 손님은 구매한 재활용품을 이용해서 성이나 요새를 만들고, 구매자들끼리 서로 작품을 공유하고 평가한다. 점수가 높은 구매자 순으로 순위를 공개한다. 에코 프라모를 만들기 위해 쓰레기를 사거나 줍도록 사람들을 유도한다.

"근데 점수는 어떻게 매기지? 누가 매겨?"

"그러게, 어렵네. 다수결로 해야 하나?"

여전히 해결해야 할 과제가 산더미처럼 남아 있었다.

"평가 기준은 부품 수나 크기로 해야 할까?"

"글쎄, 근데 그렇게 제한하면 에코 프라모를 만드는 즐거움이 없어질 것 같아."

그렇게 네 사람은 한 걸음씩 착실하게 앞으로 나아갔다.

아오이는 '방과 후 에코 시장'의 전단지를 만들기 시작했다. 쓰레기를 사겠다는 내용의 전단지와 에코 프라모 브랜드를 홍보하는 전단지, 두 가지였다. 아오이는 전단지를 만들면서도 끊임없이 노래를 흥얼거렸다.

"마법의 말, 에코 에코 프라모, 여기저기, 이제부터 에코 에코 프라모~!"

그 모습을 보고 다 같이 미소를 지었다.

수업이 끝나면 아이들은 매일같이 교실에 남아 이런저런 의논을 했다. 그리고 일주일쯤 지났을까? 히로토와 유마는 자전거를 타고 온 동네를 다니면서 전단지를 나누어 주기 시작했다. 물론 아오이가 만든 홍보 전단지였다. 히로토와 유마는 '방과 후 어디든지 시장' 사업도 동시에 진행했다.

얼마쯤 시간이 더 흐르자 린의 방에 쓰레기가 차츰차츰 쌓이기 시작했다. 물론 쓰레기라고 해도 깨끗이 씻어서 모두 깨끗했다.

쓰레기를 팔러 온 사람들에게는 에코 프라모에 대해 상세히 설명했다. 린이 집에 없을 때는 린 아빠가 대신 쓰레기를 사들였다. 린 아빠도 기대 이상으로 의욕을 보였다. 쓰레기가 모인다는 건 그만큼 거리에서 쓰레기가 사라진다는 의미니까.

전단지를 보고 '방과 후 에코 시장'을 찾는 손님들의 발길이 끊이지 않았다. 이번 사업 역시 순항하는 듯했다. 하지만 문제는 다른 데 있었다. 쓰레기를 팔러 오는 사람은 많아도 사러 오는 사람은 없다는 것!

린의 방에는 나날이 '깨끗한 쓰레기'가 늘어났다.

6

방과 후 주식회사 최대의 위기

⭐ 방이 쓰레기로 꽉 찼다고?

"괜찮니?"

부모님이 린의 방을 들여다보며 걱정스레 물었다. 린의 방은 발 디딜 틈도 없을 만큼 쓰레기로 꽉 들어찼다. 그나마 남은 공간은 침대뿐이었다.

다음 날 점심시간, 린은 더 이상 버틸 수 없다고 생각하고 히로토에게 고민을 털어놓았다.

"저기, '방과 후 에코 시장' 말인데……."

"응, 어떻게 되고 있어? 다른 사업도 진행 중이라 신경을 못 썼네."

"더는 사면 안 될 것 같아."

"그게 무슨 말이야?"

린의 얼굴이 어두워졌다.

"방이 온통 쓰레기 천지라 잘 데도 없어!"

린의 목소리가 갑자기 훅 커졌다. 반 아이들이 깜짝 놀라 린을 돌아보았다. 아오이가 걱정이 되었는지 후다닥 뛰어와서 물었다.

"왜 그래? 무슨 일 있어?"

"방이 쓰레기로 꽉 찼대."

히로토가 대신 대답하자 린이 미안한 표정을 지었다. 멀리서 지켜보던 유마도 가까이 다가왔다.

"무슨 얘기야?"

네 사람이 모두 모이자 린은 그동안 일어난 일을 차근차근 설명했다.

'방과 후 에코 시장'에는 쓰레기를 파는 사람만 나타날 뿐 정작 사겠다는 사람은 없다는 걸.

에코 프라모에 대해 알려도 그게 뭔지 모르는 사람이 많은 데다 딱히 관심을 가지는 사람도 없었다. 당연히 챌린지도 의미가 없었다. 그러다 보니 집 안에 쓰레기만 늘어나고 돈은 하루하루 줄어들었다.

논의 끝에 히로토와 유마의 방으로 일부를 옮겼지만 이건 근본적인 해결책이 아니었다. 이 주가 채 지나지 않아, 히로토와 유마 방까지 쓰레기로 뒤덮이고 말았다. 아이들은 점점 늘어나는 쓰레기를 보고 망연자실했다. 어떻게 해서든 처리할 방법을 찾아야 했다.

네 사람은 다시 한자리에 모였다. 모두 기운이 없었다.

린이 먼저 입을 열었다.

"이대로 가다가는 '방과 후 에코 시장'을 계속하기가 힘들 것 같아."

"창고가 필요해."

히로토가 대답했다. 그동안은 아이들끼리 모은 걸로 시작하거나 린네 가게에서 취급하는 상품으로 사업을 해 본 게 전부였다. 하지만 이번에는 달랐다.

"창고를 어디에다 구해? 그리고 창고가 있다 해도 에코 프라모가 유행하지 않으면 결국 마찬가지야. 쓰레기만 계속 쌓일 거라고."

린이 말했다. 히로토도 같은 생각이었다. 그래도 별도로 공간이 있으면 에코 프라모를 어떻게 유행시킬지, 차분하게 아이디어를 짤 수 있을 것 같기도 했다. 지금은 개인의 생활 공간까지 침범해서 모두가 힘들어하고 있으니까.

결국 히로토와 유마가 적당한 장소를 찾기로 하고, 린과 아오이는 에코 프라모를 어떻게 더 널리 알릴 것인지에 대해 생각해 보기로 했다.

☆ 지금 당장 창고가 필요해!

아이들과 헤어진 히로토와 유마는 곧장 사진 동아리방으로 갔다. 동아리방에 모인 선배들은 책을 읽거나 카메라를 만지작거리면서 여기저기 자유롭게 앉아 있었다.

유마가 팔짱을 끼며 히로토에게 물었다.

"이 중에 창고가 있는 사람이 있을까?"

"글쎄……."

일단 가게가 있어야 창고도 있을 터였다. 린네 가게는 창고가 꽉 찼고, 보이즈 미용실은 창고가 없어 보였다. 역시 이 중에서 찾는 것도 쉽지 않을 듯했다.

때마침 사진 동아리 자문 아저씨가 방으로 들어왔다.

"자, 너희들, 오늘이 무슨 날인지 알아? 당연히 모르겠지. 오늘은 캐논의 창립 기념일이야. 캐논이라는 카메라 회사가 일본에서 최고로 꼽히는 게 있는데, 그게 뭔지 아는 사람?"

역시 아무 대답도 없었다.

"하긴, 창립 기념일도 모르는데 그걸 알 리가 없지. 답은 해외 수출 판매량! 한마디로, 외국에서 엄청 팔린다는 거지. 우리 경제를 지탱하는 힘이라고 해도 과언이 아니란 말씀! 사진 동아리라면 이 정도는 상식으로 알고 있어야겠지?"

그러고는 아주 자연스럽게 카메라 자랑으로 이어졌다. 오늘 갖고 온 캐논 카메라는 약 오십 년 전에 만든 거라고 하면서, 이런 카메라가 자기네 가게 창고에 수백 대나 보관되어 있다고 으스댔다.

"뭐, 창고?"

유마는 자신도 모르게 소리쳤다. 유마와 히로토의 눈이 딱 마주쳤다. 아저씨가 의아한 얼굴로 물었다.

"뭐야, 혹시 구경하고 싶어서 그래? 그 마음, 충분히 이해해. 내 컬렉션은 정말 누가 봐도 알아주거든."

"아니, 실은요. 그것 때문이 아니라……."

히로토는 '방과 후 에코 시장'에 대해 설명했다. 아저씨는 턱을 괸 채 조용히 귀를 기울였다.

"음, 그래. 마침 안 쓰는 창고가 있기는 한데."

"와, 진짜 잘됐네요! 그럼 저희 회사 주식을 드릴 테니 그 창고를 빌려주세요."

히로토가 조심스레 제안했다. 하지만 아저씨는 심드렁한 표정이었다.

"글쎄, 주식이라면……. 혹시 주주 총회도 하니?"

"그럼요, 빌려주실 건가요?"

히로토가 다시 한번 물었다.

"지금 다 합쳐서 주식이 얼마나 있지?"

아저씨는 왠지 뜸을 들였다. 히로토는 이번 기회를 놓치면 안 된다는 생각이 들었다. 한시라도 빨리 창고가 필요했다.

"아마 90만 원 정도 되지 않을까 싶은데요……."

"그래? 그 창고가 원래 월세를 27만 원 정도 받거든. 근데 계속 빌려주게 되면……."

"잠시만요! 얼마가 됐든 부탁드릴게요!"

"할 수 없네. 그럼 이렇게 하자. 100만 원짜리 주식을 발행해 주면 그 창고를 쓰겠다는 사람이 나타나기 전까지 무기한으로 임대할게. 어때? 더 이상 협상의 여지는 없다."

"정말요?"

생각지도 못한 조건이었다. 물론 매우 큰돈이지만 당장 현금이 빠져나가는 건 아니었다. 게다가 무기한으로 빌릴 수 있다니, 더없이 좋은 조건이었다. 히로토와 유마는 신이 나서 하이 파이브를 했다.

린과 아오이는 아오이네 집에서 '방과 후 에코 시장'을 유행시킬 방법을 궁리하고 있었다.

"너랑 히로토가 말한 《십 대를 위한 경영 노트》를 보면 뭔가 힌트가 있지 않을까?"

아오이가 말하자 린이 책을 펼쳤다. 거기에 '입소문'이라는 내용이 있었다.

(책 속의 책)──◦──◦

누구나 맛있는 레스토랑에 가면 친구에게 자랑하고 싶어진다. 반대로 점원의 태도가 마음에 들지 않거나 맛이 형편없으면 불평을 하기 마련이다. 브랜드도 마찬가지다. 우수한 브랜드라면 시간이 걸리더라도 소문이 퍼져서 반드시 많은 사람에게 알려지게 된다. 이것을 입소문이라고 한다.

하지만 이번 사업과 어떻게 연결해야 할지 감이 잘 잡히지 않았다. 린은 불안한 마음을 지우려는 듯 머리를 자꾸 흔들었다. 좀처럼 좋은 아이디어가 떠오르지 않았다.

"에코 프라모가 화제가 되어야 해. 인터넷에서 확 뜰 수 있게……."

린이 두 손으로 머리를 감쌌다.

"쓰레기를 팔러 온 사람 중에 누구 한 명쯤은 인터넷에 글을 올려 줄 줄 알았는데. 유튜브에서 다루어 준다거나."

그때 아오이가 뭔가 생각난 듯이 말했다.

"바로 그거야! 누가 알아봐 주기를 기다릴 게 아니라, 우리가 영상을 만들어서 올리면 되잖아. 내가 노래하는 걸 아빠가 영상으로 찍어서 올렸을 때 생각보다 많은 사람들이 봤어."

"그래……, 우리가 에코 프라모를 소개하는 영상을 만들어서 유튜브에 업로드해 보자."

드디어 에코 프라모를 알리기 위한 계획이 나왔다. 때마침 창고를 빌렸다는 히로토의 메시지가 린에게 날아왔다. 그새 밖이 어둑해지고 있었다.

☆ 짜잔! 유튜브 업로드 성공

각자의 방에 쌓여 있던 쓰레기를 모두 카메라 가게의 창고로 옮겼다. 다음으로 할 일은 브랜드 홍보용 영상을 제작하는 것이었다.

먼저, 그동안 모은 쓰레기로 성을 한번 만들어 보기로 했다. 워낙 양이 많아서 부품을 고르는 건 조금도 어렵지 않았다. 견본을 근사하게 만들어 내면 영상에도 그럴듯하게 잡힐 터였다.

영상을 어떤 식으로 촬영할지에 대해 한참 동안 논의했다. 우선 '방과 후 주식회사' 로고송을 만들기로 했다. 아오이가 평소에 흥얼거렸던 "마법의 말, 에코 에코 프라모~, 여기저기, 이제부터 에코 에코 프라모~!"로 시작한 다음, '방과 후 에코 시장'의 취지에 맞추어 회사를 소개하고, 직접 만든 에코 프라모 견본을 보여 주는 것이다. 마지막에는 다 함께 노래를 부르면서 영상을 마무리하고.

그런데 견본을 완성하기까지 꽤 여러 날이 걸렸다. 수업이 끝나고 방과 후에 모이거나 주말에만 시간을 낼 수 있어서 더 그랬다. 그것도 저녁을 먹기 전까지만이었다. 저녁 시간이 되면 각자 집으로 뿔뿔이 흩어졌다.

바야흐로 닷새 후, 드디어 창고에 깨끗한 쓰레기로 만들어진 성이 세워졌다. 빈 깡통 수십 개를 이어 붙여 토대를 세운 다음, 비닐 랩 심지로 만든 포대를 붙였다. 우유나 주스의 종이 팩을 활용해 색색의 지붕을 완성한 뒤, 나무젓가락으로 만든 사다리로 층층이 연결했다.

"대박! 영상에도 잘 찍히겠어."

아오이가 감탄했다.

"응, 이 정도면 합격!"

린도 흥분을 억누르지 못했다. 아이들은 스스로 만든 에코 프라모를 손으로 만져 보기도 하고, 주변을 빙빙 돌며 감상하기도 했다.

"우리, 저기에 깃발도 달자."

"좋아!"

아오이는 색연필을 집어 들더니, 커다란 종이에다 한 글자씩 다른 색으로 '에코 프라모'라고 썼다. 그러고는 나무젓가락에 붙여서 꼭대기에 꽂았다. 에코 프라모 성이 한층 더 당당해 보였다.

때마침 아오이의 노래도 완성되었다. 아이들은 아오이 아빠에게 영상 촬영을 부탁하기 위해 아오이네 집으로 향했다.

아오이네 집에 도착해 현관문을 열자 아오이 아빠가 뛰어나와 반가이 맞아 주었다.

"안녕하세요?"

"어서 와, 얘들아. 아오이한테 얘기 많이 들었다."

집 안으로 들어가자 곳곳에 아오이 사진이 보였다. 모두 자연스런 모습을 찍은 스냅 사진이었다. 주변을 둘러보니 디지털카메라와 비디오카메라, 마이크, 심지어 스탠드 조명까지 있었다.

히로토가 신기한 눈으로 쳐다보자 아오이 아빠가 다가왔다.

"영상도 있는데, 같이 보러 갈래?"

아오이 아빠는 아오이의 영상을 찍고 편집하는 게 취미라고 했다.

"그보다 저희 영상을 먼저 찍어 주실 수 있을까요?"

"아아, 그래그래."

아오이 아빠는 멋쩍어하며 영상을 찍을 준비를 했다.

먼저, 린과 아오이가 차례로 '방화 후 에코 시장'에 대해 소개했다. 그러고 나서 창고로 이동한 다음, 에코 프라모 견본 앞에서 영상을 더 촬영했다. 아오이 아빠가 두 영상을 하나로 이어 주었다. 영상의 마지막에는 에코 프라모에 꽂힌 깃발이 줌인되면서 아오이의 노래가 흘러나왔다. 짧은 영상인 데다 구성이 아주 뛰어난 건 아니었지만, 아이들에겐 그 어떤 영상보다 멋져 보였다.

이제 영상을 업로드할 차례였다. 다 같이 아오이 방으로 가서 컴퓨터로 유튜브를 검색했다. 업로드 버튼을 클릭한 뒤 영상을 선택하자 곧바로 전송되었다.

"우리 영상이 인터넷에서 보인다니……, 실감이 안 나."

린이 감탄했다. 그건 히로토도 마찬가지였다. 자신들의 사업이 드디어 전 세계 사람들에게 공개되는 셈이었다. 어쩐지 굉장한 일을 벌인 것만 같았다.

히로토가 린에게 말했다.

"실제로 해 보니까 장난 아니게 어려웠던 것 같기도 하고, 의외로 간단했던 것 같기도 하고. 아무튼 사람들이 많이 봤으면 좋겠다."

인기 영상들 사이에 자신들의 영상이 나란히 떠 있다는 것만으로도 아이들은 몹시 신기해했다. 린은 '방과 후 주식회사'의 상세 소개와 린네 가게 연락처를 적어 넣었다.

이제 할 일은 다 끝났다. 하지만 모두 자리에서 일어날 생각을 하지 않았다. 서로 잡담을 나누다가 아오이가 "지금 조회 수는 어때?" 하고 물으면 히로토가 확인하고, 좀 있다가 유마와 아오이가 다시 확인하곤 했다.

많은 사람이 볼 수 있다는 생각에 이야기를 하다가도 아이들의 온 신경이 유튜브로 집중되었다.

하지만 삼십 분이 지나고 한 시간이 지나도 조회 수는 거의 변동이 없었다.

"숫자가 안 올라가. 본 사람이 없어."

유마가 말했다.

"그나마 이 조회 수도 우리일 거야."

린이 덧붙였다.

"에이, 그렇구나."

유마가 침울한 표정으로 대꾸했다. 유마는 늘 얼굴에 기분이 금방 나타났다. 영상이 빨리 퍼졌으면, 하는 마음은 히로토도 똑같았다.

"처음에는 다 이래. 좀 더 기다려 보자."

아오이가 말했다. 아이들은 일단 수긍했다. 그러다가 조금 있으면 또 누군가가 조회 수를 확인했다. 시간이 흘렀지만 조회 수가 늘어날 조짐은 전혀 없었다. 저녁 시간이 다 되어 가자 그제야 단념을 하고 각자의 집으로 돌아갔다.

유튜브에 영상을 업로드할 때는 한마음으로 흥분했고, 조회 수가 전혀 오르지 않을 때는 한없이 낙담했다. 상반된 두 기분이 오르락내리락하는 사이, 아이들은 완전히 지쳐 버렸다.

히로토와 린과 유마는 집으로 돌아가는 길 내내 안절부절못했다. 어쩌면 지금 이 순간에도 누군가가 영상을 볼 수 있지 않을까, 하는 생각이 들어서 궁금해 미칠 것만 같았다. 반대로 아무도 보지 않고 지나쳤을 수도 있겠지만.

아이들이 모두 돌아간 뒤, 아오이 아빠는 방에서 유튜브에 올린 영상을 한참 동안 응시하고 있었다. 조회 수는 여전히 변동이 없었다. 아이들의 고민과 푸념이 마음에 걸린 나머지, 컴퓨터로 뭔가를 하기 시작했다.

유튜브 영상의 주소를 복사해 X에 공유했다. X는 짧은 글로 공유하는 블로그 방식 SNS 플랫폼이었다. 글자 수 제한이 있어서 자기 생각을 많이 쓸 수는 없지만, 한눈에 읽거나 빠르게 확산된다는 특징이 있었다.

아오이 아빠는 링크와 함께 이런 글을 덧붙였다.

> 딸과 친구들이 생각한 환경 문제 해결법, 그 이름은 에코 프라모!
> 정말이지 애들 크는 건 한순간.ㅠㅠ

잠시 후, '마음에 들어요' 표시가 하나둘씩 올라가기 시작했다. 아오이 아빠는 빙긋 웃으면서 컴퓨터를 껐다.

☆ 우리가 만든 영상이 '떡상'?!

"야, 완전 대박이야!"

다음 날 아침, 조회가 시작되기 전에 아오이가 교실로 뛰어 들어왔다.

"너희, 유튜브 봤어?"

"아, 이제 안 봐."

유마가 먼저 대답했다. 히로토는 계속 궁금했지만, 어제 저녁을 먹고 나서 피곤한 나머지 곧바로 잠이 들었다. 그리고 오늘 아침에는 늦잠을 자는 바람에 미처 확인하지 못했다.

히로토가 물었다.

"무슨 일인데?"

"난리 났어! 이것 좀 봐."

아오이가 스마트폰을 꺼냈다.

"야! 지금 선생님 오시면 어쩌려고 그래?"

유마가 교실 문을 확인했다. 학교에서 스마트폰을 사용하는 건 금지였다.

"완전 대박이라니까!"

"뭔데? 조회 수가 좀 는 거야?"

히로토가 졸린 듯 물었다.

"좀 늘어난 정도가 아니야. 완전 대박이라니까! 히로토, 조회 수가 얼마일 것 같아?"

아오이는 너무 흥분한 나머지, 도무지 진정하지 못했다. 히로토는 머릿속으로 곰곰 생각했다. 아오이가 이만큼 호들갑을 떤다는 건……, 상상 이상으로 많은 사람이 봤다는 뜻이겠지? 그래서 조심스럽게 추측을 해 보았다.

"그렇게 많아? 한 오십? 그래도 백까지는 아니지?"

이제 겨우 하루가 지났다. 아무래도 밤새 큰 변화가 있으리라고 기대하기는 어려웠다.

아오이가 흥분해서 소리쳤다.

"무려 일만이야! 일만!"

"뭐?"

히로토는 자신도 모르게 목소리가 커졌다. 린도 그 말에 깜짝 놀라 뛰어왔다. 아오이가 보여 준 유튜브에는 진짜로 일만에 가까운 조회 수가 기록되어 있었다.

"얘들아, 이것 좀 봐."

이번에는 아오이가 X를 보여 주었다.

"어제 아빠가 여기도 올리셨나 봐."

리트윗이 오천 번, '마음에 들어요'가 일만 번이었다. 그 순간에도 숫자가 하나씩 바뀌고 있었다. 지금 대체 무슨 일이 일어나고 있는 거지?

히로토가 멍한 표정으로 물었다.

"너희 아빠, 유명하셔?"

"그건 아니지만, 방송국에서 일하시기는 해. 텔레비전에 나오는 건 아니고."

"그럼 어떻게……."

"아마도 아빠가 올려놓은 걸 레나라는 배우가 리트윗으로 공유했나 봐. 예전에 아빠랑 같이 일한 적이 있대."

레나……. 예쁘기로 유명한 혼혈 배우인데, 특유의 제스처와 함께 "굿!"이라고 하는 말이 유행하면서 일약 스타덤에 올랐다. 아이들 사이에서도 한때 "굿!"이라는 유행어가 큰 바람을 일으켰다.

레나의 팔로워는 자그마치 오백만 명이 넘었다. 요즘은 영화와 광고에서 가끔 모습을 비칠 뿐, 텔레비전에서는 자주 볼 수 없었다. 환경 문제와 관련된 일을 하기 때문이라는 얘기가 떠돌기는 했다. 실제로 공공 기관에서 주최하는 캠페인 광고에 등장하기도 하고, 또 환경 보존 단체에 얼마를 기부했다는 내용으로 기사가 나오기도 했다.

그런 레나가 아오이 아빠의 X를 보고 리트윗하면서, '학생들이 생각한 환경 대책! 미래의 이노베이터들에게 박수를!'이라는 글을 달았다. 이를 본 사람들이 옮겨 가고 옮겨 가고……, 그 뒤로 어마어마하게 퍼져 나간 것이다.

"우리가 해냈어! 완전 성공이라고."

아오이가 기쁨에 차서 울먹였다. 히로토는 도무지 믿기지가 않았다.

하루 만에 이런 일이 일어난다고? 이런 게 바로 아오이가 말했던 폭발적인 반응이라는 걸까?

"아니, 이제부터 시작이야."

린이 단호하게 말했다. 그 말에 히로토는 정신이 번쩍 들었다.

"우선, 모아 놓은 쓰레기부터 팔자. 그때 이야기한 대로 에코 프라모 조립 설명서도 주고, 챌린지도 열고 순위도 매겨야지."

사실 기뻐하기에는 아직 일렀다. 일단 화제가 되었으니 사업을 제대로 진행해야 했다.

수업이 모두 끝난 뒤, 아이들은 작전을 세우기 위해 린네 가게로 향했다. 그때 아오이가 스마트폰을 꺼내 아이들에게 보여 주었다.

"대박!"

한목소리로 탄성이 터져 나왔다. 조회 수가 무려 삼십만을 넘어가고 있었다. 오늘 아침에는 일만이었는데, 불과 몇 시간 만에 삼십 배가 되었다. 아침까지만 해도 마냥 기쁘기만 하던 히로토는 이제 조금씩 겁이 나기 시작했다.

"X는?"

아오이가 바로 X를 열었다.

"리트윗이 이만, '마음에 들어요'가 이십만……."

이러고 있을 때가 아니었다. 넷은 서둘러 린네 가게로 뛰어갔다.

"애들아, 빨리 와!"

린 엄마가 아이들을 보고 소리쳤다. 그러고는 앞에 있는 사람들에게 뭔가를 열심히 설명했다. 단순히 가게 손님들은 아닌 듯했다.

"에코 프라모인지 뭐인지는 저쪽에 오는 아이들이 설명해 줄 거예요. 아, 참! 오신 김에 채소도 좀 사 주시고요. 에코만 찾으시면 저희 장사가 안 되거든요."

그 말에 사람들이 웃음을 터뜨렸다.

"아, 우리 엄마, 지금 뭐라는 거야?"

린이 두 손으로 얼굴을 감쌌다. 가게 한편에 아이들이 만든 에코 프라모 견본이 세워져 있었다. 린 엄마가 창고에서 가져다 놓은 듯했다.

"자, 정신들 차려! 너희가 주인공이잖아."

"근데 엄마가 왜 우리 가게까지 보고 있는 거야?"

"몰라서 물어? 손님들을 어떻게 기다리게 하니?"

사람들은 쓰레기로 만든 성, 즉 에코 프라모를 감상하고 있었다. 영상을 보고 궁금해진 사람들이 직접 찾아온 듯했다. 게시글에 린네 가게 전화번호를 남겨 놓은 게 효과를 톡톡히 보여 주고 있었다. 점심 무렵이 지나면서 문의 전화가 빗발치게 왔다나.

"유마, 우리는 창고에 가서 쓰레기, 아니 부품들을 가져오자. 린은 여기서 이분들한테 설명 좀 해 줘. 괜찮지?"

"알았어!"

"좋아."

히로토 말에 아이들이 재빨리 움직였다.

SNS에서 소문이 나자 인터넷 뉴스에서 인터뷰 섭외가 왔다. 인터넷 뉴스에 기사가 뜨자 지역 라디오와 신문사에서도 다루어 주었다. 어느새 X에서는 '지금 가장 핫한 토픽'에 올라가고, 유튜브에서는 '인기 급상승 동영상' 순위에 들어갔다. 물론 동네에서도 반응이 장난 아니었다.

학교에서의 반응 역시 다르지 않았다. 한 번도 이야기를 나눈 적 없는 아이들, 심지어 다른 반 아이들까지 찾아와서 말을 건넸다.

"에코 시장? 에코 프라모라고 했나? 완전 대박이더라."

"너희, 참 재미있는 일을 하던데?"

그동안 적극적이지 않았던 반 아이들도 '방과 후 에코 시장'의 경영에 관심을 보이기 시작했다. 에코 프라모를 한번 만들어 보고 싶다고도 했다.

예기치 못한 일은 그 후로도 더 일어났다. 에코 프라모가 유행하면서 주운 쓰레기를 '방과 후 에코 시장'에 팔지 않고 직접 에코 프라모를 만드는 사람들이 생겨났다. 게다가 에코 프라모가 학생들뿐만 아니라, 어린아이들이나 어른들 사이에서도 인기를 끌었다.

에코 프라모 붐이 일어나자 그동안 해 온 것처럼 린네 가게에서만 운영하기가 어려워졌다. 사업의 규모가 커지면서 매장이 좁아졌다.

결국 제4회 주주 총회가 열렸다. 점심시간에 히로토가 반 아이들을 불

러 모았다. 대주주인 사진 동아리 자문 아저씨도 시간에 맞추어 총회에
참석했다.

"주주 여러분, 이렇게 모여 주셔서 감사합니다. 오늘의 안건은 '방과 후
에코 시장'의 영업 장소에 관한 것입니다. 그동안 린네 가게의 한쪽 공간
을 빌려 사용해 왔는데, 사업 규모가 커져서 앞으로는 그렇게 하기가 힘
들 것 같습니다. 그래서 여러분과 함께 그 문제를 의논하려고 합니다."

평소와 달리 히로토의 말투가 사뭇 진지했다. 반 아이들이 하나둘 의견
을 내놓았다.

"우리 중에 집을 더 빌려서 파는 데를 늘려 보는 거 어때? 지점처럼."

"가게가 아니라 일반 가정집에도 손님들이 찾아올까?"

"장소를 늘리자는 게 지금 논의 내용 아니야?"

"음, 그런가……."

히로토는 아이들의 대화를 가만히 듣고 있었다.

그때 린이 손을 들었다.

"큰 매장을 빌리면 되지 않을까? 그럼 한번에 해결되잖아."

"그렇지, 근데 어디를 빌려? 큰 데는 월세가 많이 들 텐데……."

이번에는 다른 아이가 손을 들었다.

"영업시간을 늘리는 건 어때?"

"전에도 그 얘기가 나왔는데 그건 안 될 것 같아. 그렇지, 린?"

"응, 그건 좀 힘들어."

"그렇구나."

좀처럼 좋은 아이디어가 나오지 않았다.

아오이는 스마트폰으로 유튜브 영상을 보고 있었다. 지금도 조회 수가 계속 늘어나고 있었다. 이 영상을 본 사람들 중에 몇 명이나 진짜 손님이 될까? 멀리 살고 있다면 '방과 후 에코 시장'까지 찾아오는 게 무리겠지. 아오이는 그런 생각에 잠겨 있다가 문득 좋은 아이디어가 떠올랐다.

"우리, 예전에 '방과 후 어디든지 시장' 다음으로 '방과 후 언제든지 시장'을 이야기한 적이 있었지?"

"응, 하지만 그건 사실상 불가능했잖아."

히로토가 시무룩한 얼굴로 대답했다. 아오미가 마이크를 잡은 것처럼 팔을 들었다.

"아니, 내 말은 그게 아니라…… 뭐든지, 어디든지, 언제든지 사고팔고, 우루카우~."

온라인 쇼핑몰 '우루카우'의 광고 음악 멜로디였다. 우루카우는 토니아이가 창업한 국내 최대 중고 거래 사이트로, 필요 없는 옷이나 싫증난 게임처럼 뭐든지 사고팔 수 있었다.

"그래, 들은 적 있어."

유마가 가장 먼저 반응했다. 히로토도 그 광고를 몇 번 본 적이 있었다.

"우루카우처럼 우리도 인터넷에 가게를 차리면 되지 않을까? 온라인은 규모도 무한하고 영업시간도 하루 종일이잖아."

"그래, 우리 시장이 소문난 것도 인터넷 덕분이었지⋯⋯. 그래, 그 방법이 있었구나."

히로토는 천천히 고개를 끄덕였다.

우루카우는 '누구나 쇼핑몰을 무료로'라는 홍보 문구를 내세웠다. 우루카우에 입점하면 개인 사업자도 손쉽게 자사 채널을 가질 수 있다는 게 큰 장점이었다. 우루카우라면 우리가 고민하던 문제를 대부분 해결할 수 있을 것 같았다.

그러고 보니 히로토 엄마도 발에 맞지 않는 신발을 우루카우에서 팔겠다고 했다. 구매자가 나타나 물품을 보낼 때는 근처 편의점으로 가져가기만 하면 되어서 배송 문제까지 손쉽게 처리할 수 있었다.

"가입도 별로 어렵지 않은 것 같아."

아오이가 스마트폰으로 우루카우를 검색했다.

"이거 봐."

"간단한 조작으로 누구나 일 분 만에 가게를 열 수 있습니다."라는 안내문이 떴다.

어느새 교실에 박수 소리가 가득 찼다. 이로써 우루카우라는 플랫폼을 이용하여 온라인에 '방과 후 에코 시장'을 열기로 결정되었다. 그런데 그때까지 잠자코 듣고만 있던 사진 동아리 자문 아저씨가 갑자기 손을 번쩍 들었다.

"잠깐! 한 가지 제안할 게 있는데?"

"네, 말씀해 주세요."

히로토가 조심스럽게 대답했다.

"내가 '방과 후 주식회사' 최대 주주지? 아마 주식의 절반 이상이 내 것인 걸로 알고 있는데……."

"그렇죠."

"그래서 말인데, 인터넷에서 영업을 시작하기 전에 회장 자리에 나를 앉혀 주면 좋겠어. 히로토는 여전히 대표 이사를 맡고. 일단 나는 찬성! 자, 여러분의 주식을 다 합한 것보다 내 주식이 더 많으므로 가결되었습니다!"

"헐, 말도 안 돼."

한쪽에서 이런 소리가 조그마하게 흘러나왔다. 조금 전까지 들떠 있던 교실에 찬물을 끼얹은 듯 순식간에 조용해졌다.

"아니, 분위기 왜 이래? 애당초 이런 건 어른이 없으면 진행하기 어렵다고. 게다가 난 최대 주주잖아."

아저씨가 답답하다는 듯이 말했다.

사실 히로토가 아저씨에게 그 많은 주식을 주기는 했다. 히로토는 린을 흘깃 쳐다보았다. 생각지도 못한 사태에 늘 차분하던 린도 불편한 기색을 보였다.

잠시 동안 침묵이 흘렀다.

"어쩔 수 없네요. 저희가 반대해 봤자 소용없는 일이잖아요."

린이 힘없이 대답했다. 히로토도 인정하지 않을 수 없었다. 자문 아저씨의 주식을 무효로 하는 건 불가능한 일이었다.

"그럼 이제부터 카메라 동아리 자문 아저씨를 방과 후 주식회사 회장님으로 모시겠습니다. 잘 부탁드립니다."

히로토가 마지못해 동의했다.

"응, 당연히 그래야지. 그래도 안심해. 너희가 하는 일에 크게 참견하지는 않을 테니. 지금처럼만 열심히 하도록 해. 하하하."

아저씨는 그 말을 남기고 교실에서 나갔다.

유마가 교실 문을 세차게 쿵 닫았다.

"야, 이러는 법이 어디 있냐? 저분은 우리한테 창고를 빌려준 게 다잖아. 이게 뭐냐, 치사하게."

히로토는 최대한 침착하게 말했다.

"할 수 없어, 우리 주식을 가장 많이 가진 분이니까. 그리고 그때 아저씨가 아니었다면 우리 사업을 계속하기가 어려웠잖아."

7

책의 주인 - 모두가 바라는 꿈의 광장

☆ 국내 최대 온라인 쇼핑몰 입점!

'방과 후 에코 시장'은 우루카우를 이용해 인터넷으로 자리를 옮겼다. 사업 계획은 이렇게 정리되었다.

동네에 버려진 쓰레기를 매입해서 에코 프라모 조립 설명서와 같이 우루카우에서 판다. 구매자들에게 에코 프라모의 사진을 올려 달라고 유도한 다음, 그 사진을 가지고 인기투표를 한다. 투표 결과 순위는 매주 우루카우에서 발표한다.

지난번 주주 총회를 통해 사진 동아리 자문 아저씨가 회장이 되었다. 사실 그리 나쁜 것만은 아니었다. 예를 들면, 우루카우에 사업장을 등록할 때 사업자 등록증과 은행 계좌번호 등이 필요했는데, 자문 아저씨가 전부 준비해 주었다. 아저씨는 그 전부터 우루카우를 이용해서 카메라를 팔고 있었기 때문에 입점 준비를 하는 데 아주 능숙했다.

아저씨는 회장이라는 직함에 매우 만족하는 듯했다. 하지만 '원래는 우리 회사였는데.'라는 생각이 아이들 머릿속에서 좀처럼 지워지지 않았다.

"이제부터가 진짜야. 마음 단단히 먹자."

린이 세 친구를 격려했다. 그리고 한동안 아이들은 '방과 후 에코 시장'에 온 힘을 쏟았다. 어떻게 하면 사람들의 관심을 끌 수 있을지 끊임없이 고민하면서 변화를 주었다.

에코 프라모도 점점 진화했다. 버려진 비닐봉지를 활용한 해먹과 천을 달아 커튼처럼 보이게 만든 에코 프라모도 등장했다. 거기에 병 조각을 박아서 요새로 보이는 에코 프라모까지, 새로운 아이디어가 무궁무진하게 나왔다. 아오이는 다양한 방식으로 제작된 에코 프라모를 영상으로 찍어서 유튜브에 꾸준히 올렸다.

영상마다 조회 수가 빠르게 올라갔다. 급기야 '방과 후 에코 시장'이 우루카우 사이트의 '인기 가게' 코너에 소개가 되었다.

어느 날, 린네 집에 전화가 한 통 걸려 왔다. 린 엄마가 전화를 받았다가 주식회사 우루카우라는 말을 듣고 린에게 얼른 수화기를 건네주었다.

"안녕하세요? 방과 후 주식회사가 맞습니까?"

"네, 맞습니다만 누구신가요?"

"주식회사 우루카우 방송 제작 지원팀입니다. 저희 프로그램에 출연을 제의하고 싶은데요…….'

우루카우 대표와 함께 텔레비전 방송에 출연해 대담을 해 달라는 얘기였다. 우루카우가 제작 지원하는 〈신생대의 여명〉이라는 프로그램에 '방과 후 주식회사' 운영진 아이들을 초대하고 싶다고 했다.

매주 목요일에 방송하는 이 프로그램은 새로운 도전을 하는 경영자가 출연해 우루카우 사장과 대담하는 방식으로 진행되었다. 학생들을 대상으로 하는 건 아니지만, 경제 프로그램 가운데서는 꽤 유명한 편이었다. 사업을 새로 시작하는 경영자들은 이 프로그램에 출연하는 것을 목표로 삼기도 했다.

수화기 너머에서 계속 말이 흘러나왔지만, 린의 귀에는 하나도 들어오지 않았다.

"친구들하고 이야기해 볼게요."

린은 간신히 그렇게만 대답했다. 너무나 갑작스러운 일이어서 어찌해야 할지 알 수가 없었다. 통화가 끝나자마자 히로토에게 전화를 걸었다.

"뭐?"

히로토가 그 소식을 듣고 얼마나 놀랐는지, 린에게도 고스란히 느껴졌다.

☆ 우루카우 대표의 정체?

우루카우를 창업한 토니 아이는 주식 상장을 한 회사의 대표 가운데서 나이가 제일 어리다고 했다. 주식 상장이란, 기업의 주식을 거래할 수 있도록 일정한 조건을 갖추어 증권 거래소에 등록하는 걸 말한다. 한마디로, 우량한 회사로 인정받아 주식을 전 세계에 판매할 수 있는 권리를 가진다는 의미다. 우루카우가 상장한 뒤로 토니가 거머쥔 돈은 수조 원이 넘었다.

요즘은 큰 부자들을 상대로 하는 우주여행 프로그램을 준비하고 있다고 했다. 소문에 따르면, 우주여행 경비로 5억 원 넘게 받는다나.

사람들에게는 '토니'라는 별칭이 훨씬 더 친숙했다. 토니는 피카소 그림을 수억 원에 구매해서 집에 소장하고 공개하는 방식으로 이름을 알리기도 했다. 그때마다 각종 신문과 뉴스에서는 '토니, 또 세상을 떠들썩하게 하다!'라는 제목을 붙여서 기사를 내보냈다.

히로토는 인터넷에서 '토니 아이'란 이름을 검색해 보았다. 이름만 쳐도 관련 기사가 우르르 쏟아져 나왔다. 그런데 왠지 토니의 성이 '아이'라는 것이 조금 의아했다. 혹시 예명 같은 건가? 다시 '토니 아이 본명'이라고 입력한 뒤 검색을 해 보았다.

> 토니 아이의 본명은 '도시히로 이와모토',
>
> 토니 아이의 '아이'는 이와모토의 머리글자 'I'다.

응? 어디서 많이 들어 본 이름인데? 도시히로 이와모토⋯⋯. 아, 설마 《십 대를 위한 경영 노트》의 책 주인? 에이, 우연이겠지. 세상에 '이와모토 씨'는 너무나도 많으니까. 하지만 왠지 맞을 것 같다는 예감이 들었다. 그날 밤, 히로토는 이런저런 생각에 빠져 계속 잠을 설쳤다.

다음 날, 해가 뜨자마자 히로토는 아침밥도 거른 채 곧장 학교로 뛰어 갔다. 평소보다 빨리 집을 나섰기 때문에 당연히 일등으로 도착했다. 아무도 없는 교실에 앉아 《십 대를 위한 경영 노트》를 꺼내 보았다.

이 책을 손에 넣은 지 벌써 사 개월이 다 되어 갔다. 그동안 표지에 때가 더 탄 것 같았다. 보리차 판매에서 채소 시장, 주식회사 설립, 뭐든지 시장, 어디든지 시장, 에코 시장에 이르기까지 여러 가지 기억이 교차했다.

린과 유마, 그리고 아오이가 차례로 사업에 합류했다. 그리고 결정적으로 도와준 사람이 한 명 더 있었다. 2학년 2반 이와모토 도시히로. 단 한 번 만난 적도 없는 사람이 '방과 후 주식회사'를 같이 운영해 주고 있었던 것이다.

"야, 히로토! 수업 시작한다."

유마 목소리였다.

"어? 뭐?"

히로토는 눈을 뜨며 정신을 차렸다. 자기도 모르게 책상에 엎드려서 잠이 든 모양이었다. 머리가 여전히 멍했다. 간밤에 잠을 설친 탓이었다. 아, 맞아, 그건 꿈이 아니었지!

"아, 방송!"

"방송?"

"그래, 유마!"

그때 하필 수업종이 울렸다.

"아이참."

히로토는 조그맣게 투덜거렸다.

1교시 수업이 시작되었지만, 선생님 말씀이 전혀 귀에 들어오지 않았다. 긴장을 늦추면 잠이 쏟아졌다. 히로토는 하품을 꾹꾹 참으면서 어서 수업이 끝나기를 기다렸다.

이윽고 쉬는 시간이 되자 곧바로 친구들을 불러 모았다.

"어제 린이 전화를 받았는데, 우루카우 대표가 우리를 만나고 싶다고 했대!"

"맞아, 방송에 같이 출연해서 사업에 대한 이야기를 나누고 싶다나 봐."

린이 덧붙였다.

"정말이야? 대박."

"엇, 우루카우 대표라면 혹시 토니?"

아오이도 기쁜 모양이었다.

"응, 바로 그 토니!"

"나도 드디어 데뷔를 하는구나."

아오이가 빙긋이 웃었다.

"근데 《십 대를 위한 경영 노트》라는 책, 혹시 기억나?"

히로토는 어제 본 걸 말해야겠다고 생각했다.

"응, 너랑 린이 자주 봤잖아."

"저번에 네가 도서관에서 가져왔다는 그 책, 말이지?"

유마와 아오이가 차례로 말했다.

"어, 그거! 그 책 표지에 이와모토 도시히로라고 적혀 있었어."

"근데?"

"너희, 놀라지 마. 토니 아이의 본명이 이와모토 도시히로래."

"뭐라고?"

"그럼 그 책을 토니가 썼다는 거야?"

"헐, 대박."

아이들이 동시에 말을 쏟아 냈다.

"놀랍지 않아? 어제 내가 전화를 끊자마자 찾아봤거든. 토니는 겨우 스무 살에 우루카우를 상장해서 수조 원을 벌었대."

"와."

아이들은 일제히 목소리를 높였다.

"나는 토니 아이라는 이름만 보고 그동안 외국 사람인 줄 알았거든. 근데 아닌 것 같아. 외국에서 산 적이 있다고는 하지만."

히로토는 어제 찾아본 내용을 모두 전달했다. 우주여행과 피카소 그림 등 아이들의 눈을 충분히 반짝이게 할 만한 이야기였다.

"정말 멋져……."

아오이가 두 손을 모으고 연방 감탄사를 내뱉었다.

"나는 좀 맘에 안 들어. 왠지 과시하는 것 같아서."

유마가 말했다.

"그런가?"

"생각해 봐, 그런 데다 돈을 쓸 거면 다른 일에도 충분히 쓸 수 있잖아."

유마의 말에 모두 입을 꾹 다물었다.

"하지만 나도 처음에는 용돈이나 좀 벌려고 했던 건데."

히로토가 가볍게 던진 말에 아이들은 다시 생각을 바꾸었다.

"그래, 유마. 이건 분명 기회일 거야. 다 같이 토니를 만나러 가자."

"나도 찬성. 딱히 우리가 손해 볼 것도 없으니까."

"나는 뭐, 너희가 만나고 싶다면야."

유마가 한풀 꺾인 목소리로 대꾸했다.

"나도 만나고 싶어. 전에도 말했지만, 토니에게는 〈플레인 작전〉 게임 팀도 있다고!"

"와, 아오이. 역시 넌 다 알고 있구나."

"대단해."

아이들은 그날 토니를 만나서 《십 대를 위한 경영 노트》가 본인 책이 맞다고 하면 돌려주는 걸로 얘기를 마무리했다.

☆ 방과 후 주식회사, 전격 방송 출연

시간이 흘러 어느덧 대망의 그날이 되었다.

촬영 장소는 아이들이 다니는 중학교로 정해졌는데, 몇 시간 전부터 방송국 스텝들이 드나들면서 빈 교실을 스튜디오로 만들기 시작했다. 이 모든 게 토니의 연출이라고 했다.

〈신생대의 여명〉을 촬영한다는 소문은 삽시간에 교내로 퍼졌다. 촬영 당일이 되자 동네 사람들이 학교로 우르르 몰려들었다.

얼마 뒤 고급 승용차가 학교 주차장에 나타났다.

"와, 토니다."

모여 선 사람들이 여기저기서 웅성거렸다. 잠시 후 토니가 차에서 내리자 카메라 셔터를 누르는 소리가 끊이지 않았다. 금테 선글라스에 번쩍이는 시계, 와인색 양복 차림이었다. 발에는 구두 대신 새하얀 스니커즈를 신고 있었다.

토니는 관중을 향해 두 팔을 크게 흔들다고는 이내 현관 안쪽으로 모습을 감추었다.

아이들은 교실에서 대기하고 있었다. 사진 동아리 자문 아저씨도 정장 차림으로 대기했다.

"괜찮니? 편하게 해."

수염을 멋지게 기른 촬영팀 감독이 아이들에게 말했다. 담임 선생님과 교장 선생님은 멀찍이 서서 지켜보고 있었다. 아이들은 점점 긴장감이 높아졌다.

이윽고 토니가 교실에 모습을 드러냈다.

"안녕! 너희구나, 방과 후 주식회사를 경영한다는 친구들이! 정말 재미있는 아이디어였어!"

히로토는 숨을 깊게 들이마신 다음 차분하게 대답했다.

"안녕하세요? 저희는 방과 후 주식회사 운영진입니다. 저는 대표를 맡고 있는 히로토예요."

"오, 귀여운 대표님!"

"저는 마케팅 이사 아오이입니다! 저……, 팬이에요!"

"그래? 반갑구나."

그때 갑자기 자문 아저씨가 끼어들었다.

"제가 회장입니다. 이 회사의 주식을 절반 넘게 가지고 있죠."

아저씨가 토니에게 손을 내밀며 악수를 청했다.

"그렇습니까? 저는 이 친구들이 회사를 세운 줄 알았습니다만."

"처음에는 그랬죠. 근데 하도 부탁해서 하는 수 없이 제가 좀 봐주고 있습니다."

아저씨가 웃으며 너스레를 떨었다.

"혹시 여기 중학교 1학년이신 건 아니죠? 어른이 아이들 사업에 본때 없이 끼어들어서는…….."

그 말에 아저씨는 발끈하는 표정을 지었지만, 토니는 아랑곳하지 않고 감독에게 말을 건넸다.

"자, 이제 슬슬 해 볼까?"

"네, 그럼 시작하겠습니다. 얘들아, 릴렉스, 릴렉스."

감독이 "셋! 둘!" 하더니 마지막으로 소리 없이 입 모양으로 "하나!" 하고는 손가락과 눈짓으로 녹화 시작을 알렸다. 카메라가 서서히 돌아갔다. 드디어 아이들과 토니의 대담이 시작되었다.

〈신생대의 여명〉에는 사회자가 따로 없었다. 회차마다 주제에 맞게 섭외된 게스트와 토니가 자유롭게 이야기를 나누는 방식이었다. 그러다 보니 아주 사적인 연애 이야기부터 시작해 사뭇 심각한 경제 문제에 이르기까지 대화 내용의 폭이 넓고 다양했다. 그 점이 이 프로그램의 인기 비결이었다.

"음, 그러니까 방과 후 에코 시장……? 어쩌다 이 사업을 구상하게 되었나요?"

"처음에는 단순히 슈퍼마켓에서 구매한 보리차를 되파는 걸로 시작했습니다."

히로토가 입을 뗐다.

"아하, 이번 사업이 처음은 아니었던 거군요."

"네, 저 혼자 조그맣게……. 하지만 지속할 수 있는 사업이 아니었어요. 아, 여기 제 옆에 있는 린이 그 이유를 알고 있습니다."

"아, 그때까지만 해도 저는 사기라고 생각했거든요."

"아, 하하하."

히로토와 토니가 멋쩍게 웃었다.

이번에는 린이 '방과 후 채소 시장'을 열게 된 이유를 설명했다.

"그렇게 우리가 수확한 토마토와 오이를 팔고 난 다음, '방과 후 뭐든지 시장'이 연이어서 성공을 했어요. 그러자 주주 총회에서 저기 있는 유마가……."

"네, 제가 말했어요. 너무 돈, 돈 하면 안 된다고."

"하하."

토니가 미소를 지었다.

"다음으로 '방과 후 어디든지 시장'이라고 해서, 우유나 간장 같은 식품을 하루에 원하는 만큼 조금씩 나누어서 파는 가게를 열었어요. 배달을 시작했지요. 그랬더니 유마가 또……."

린이 말을 덧붙이려는데 유마가 끼어들었다.

"돈이 많다고 부자만을 위해 장사를 한다거나 눈이 튀어나오게 비싼 그림을 사는 건 좀 아니라고 생각했거든요. 다 같이 더불어 살아야 하잖아요. 우리 동네 바다가 쓰레기로 뒤덮여 있어서, 일단은 그것부터 해결하고 싶었어요."

"아하, 재미있네요. 그래서 보리차에서 시작한 사업이 채소 시장, 뭐든지 시장, 어디든지 시장, 마지막으로 에코 시장으로 발전했군요."

토니는 유마의 일격에도 눈썹 하나 찡그리지 않고 유연히 웃어넘겼다.

그 뒤에는 히로토가 '방과 후 채소 시장'에서 '방과 후 뭐든지 시장'으로 바뀌게 된 경위를 비롯해, 다리가 불편해서 도움이 필요했던 단골 할머니 이야기와 '방과 후 어디든지 시장'의 사업 계획, 쓰레기로 넘쳐나는 거리를 보고 '방과 후 에코 시장'을 시작했다가 크게 좌절했던 일, 그리고 우여

곡절 끝에 창고를 빌려 쓰다 온라인 쇼핑몰 우루카우에 자리 잡기까지의 과정을 차근차근 설명했다.

말을 하는 동안, 히로토는 지난 수개월 동안 사업을 하면서 얻은 게 무엇인지 조금씩 깨달았다. 물론 히로토의 얘기를 듣고 있는 아이들도 마찬가지였다. 아이들의 얼굴이 점점 상기되었다. 말로 표현하기 힘든 뿌듯함을 느끼고 있었기 때문이다.

그건 회사 이름도 아니었고, 주식도 아니었다. 아이들의 작은 생각이 모여 열정과 비전으로 이어지고, 각자의 특기를 잘 활용해서 목표를 함께 이루어 냈다는 것이 커다란 성취감으로 다가왔다.

토니는 중간중간 맞장구를 치거나 고개를 끄덕여 주었다.

"오호, 재밌네요……. 근데 왜 주식회사로 하려고 했어요?"

"주식회사라는 구조가 흥미로웠어요. 여럿이 함께하면 더 재미있을 것 같았지요."

히로토가 대답했다.

"아, 그래요? 단지 이름만 딴 게 아니라 실제로 주식회사를 운영하고 있었군요."

"네."

"와, 이렇게 믿음직한 후배들이 있으니까 정말로 뿌듯한데요?"

그 말에 히로토는 이때다 싶어서 질문을 던졌다.

"저기 혹시……, 우리 학교 졸업생이세요?"

"네, 맞아요."

토니가 쑥스러운 표정으로 대답했다.

"어쩐지!"

"하하, 비밀이에요! 나는 해외 이미지로 알려져서 별로 떠들고 다니지는 않거든요."

"아, 네. 근데 저기, 이거……."

히로토가 《십 대를 위한 경영 노트》를 꺼냈다.

"어라?"

"이 책에 이와모토 도시히로라고 적혀 있어서요. 이 책의 주인이신가요?"

그런데 책을 건네받은 토니의 표정이 금세 굳어 버렸다. 혹시나 훔쳤다고 의심하면 어떡하지? 히로토는 가슴이 두근거렸다.

"이건……."

"도서관에서 제가 우연히 발견한 거예요. 사실은 이 책 덕분에 저희가 사업을 배울 수 있었거든요. 책에 적힌 대로 하나하나 해 보는 게 무척 재미있었어요. 그래서……."

"그랬구나."

"감사했습니다."

린이 머리를 꾸벅 숙였다.

"어, 아니, 나한테 굳이 고마워할 건……."

"그럼 책 주인이 아니신가요?"

토니는 잠시 가만히 있었다.

"아니, 내 책이긴 해요."

"역시 그럴 줄 알았어요!"

"아주 오래전에 잃어버렸는데……."

"죄송합니다."

히로토는 자기도 모르게 사과를 했다. 그동안 허락도 없이 남의 책을 계속 보고 있어서였다.

"뭐가 죄송하다는 거죠?"

"잃어버리신 줄 모르고 저희가 계속 가지고 있어서……."

토니의 얼굴에 미소가 번졌다.

"하하, 아니에요. 오히려 이렇게 찾아 주어서 정말 고마운걸요. 예전에는 어딜 가든지 들고 다녔는데……, 이사할 때 아무리 집 안을 뒤져도 나오지 않아서. 이거, 내 책이 맞긴 하지만 내가 쓴 건 아니에요."

"네?"

"우리 아버지가 쓰셨어요."

토니가 책장을 팔랑팔랑 넘겼다. 그러다 한 군데에 시선이 뚝 멈추었다. '사업이란, 눈앞의 사람을 한 명 한 명 행복하게 하는 것'이라고 적혀 있는 곳이었다. 페이지를 넘길 때마다 토니는 그때의 추억이 고스란히 되살아나는 듯했다.

"생각해 보면 우리 아버지는 돈이 안 되는 일만 하셨어요."

토니가 껄껄 웃으며 말했다. 처음 만났을 때처럼 다시 밝아져 있었다.

"나는 아버지처럼 살고 싶지 않았어요. 그래서 프로그래밍을 공부한 후에 회사를 세운 거고."

"아……."

"이 책도 사람들이 어릴 때부터 읽을 수 있는 경영 책이 필요하다면서 아버지가 직접 쓰신 거예요. 누구나 자기 인생의 경영자라고 하면서 말이죠."

토니의 이야기는 그칠 줄을 몰랐다. 아이들도 맞장구치는 것조차 잊어버린 채 그의 이야기에 흠뻑 빠져들어 귀를 기울였다.

"그러면 우리나라에 더 좋은 기업이 많이 생겨날 거라나? 정말 웃음밖에 안 나온다니까요. 이 책도 출판사에서 모조리 퇴짜 맞고는, 아버지가 자비로 출판해서 아이들에게 무료로 나누어 주신 거예요."

토니는 잠시 뜸을 들이다 말을 이었다.

"그렇게 사회를 위한 일만 하시다가 아버지는 암 치료비로 쓸 돈까지 다 써 버리셨어요. 정말이지 나는 아버지처럼은 되고 싶지 않더라고요. 하하."

그 말을 끝으로 토니는 입을 다물었다.

지금 눈앞에 있는 아이들의 주식회사가 바로 그 결실이 아닐까? 아버지가 바라던 꿈이 현실로 나타난 것이다.

결국 아버지의 가르침이 옳았다. '방과 후 주식회사'와의 우연한 만남, 자신이 학창 시절을 보낸 곳에서 후배들과 나눈 대담,《십 대를 위한 경영

《노트》와의 뜻하지 않은 재회가 모두 단순한 우연 같지는 않았다.

"이번에는 각자의 역할에 대해 얘기해 주세요."

아이들이 차례로 자기 자신을 소개했다. 토니는 온화한 얼굴로 아이들의 말을 귀담아들었다. 이따금씩 "그렇군요." 하면서 고개를 끄덕이기도 했다.

그동안 '방과 후 주식회사'에서 어떤 일이 있었는지, 그때 어떤 마음이 들었는지, 아이들은 차례로 돌아가면서 그 당시의 감회를 나누었다.

녹화가 막바지에 이르렀다. 토니가 마무리 멘트를 했다.

"더 좋은 우리나라를 만들기 위해, 이렇게 건강한 비전을 가진 어린 리더들이 더 많이 나오면 좋겠습니다. 이 일에 우루카우가 즐겁게 동참하겠습니다. 오늘 모두 수고하셨습니다."

"감사합니다!"

아이들의 목소리가 교실에 힘차게 울렸다.

☆ 마지막 주주 총회

한동안 네 아이는 동네의 영웅이었다. 사진 동아리 자문 아저씨가 "나는 에코 프라모의 아버지야!"라고 떠들고 다녀서 어이없긴 했지만. 그렇게 한 달 두 달 시간이 흐르자 방송 이야기를 하는 사람도 점점 줄어들었다. 에코 프라모 붐도 석 달쯤 지나면서 조금씩 사그라들었다.

대신에 에코 프라모를 만드는 동아리나 자원봉사 모임이 많이 생겨났다. 그야말로 지속 가능해진 것이다. 우루카우에는 깨끗이 씻은 쓰레기를 에코 프라모용 키트로 판매하는 곳이 나타나기도 했다. 그러면서 동네도 조금 더 깨끗해졌다.

그러던 어느 날, 히로토가 우연히 텔레비전을 켰는데 뜻밖에도 토니가 나왔다. 얼굴 아래에 '이와모토 도시히로'라는 본명이 자막으로 적혀 있었다. 그는 뉴스 앵커와 인터뷰를 하고 있었다.

"그래서 이와모토 대표님께서는 왜 우루카우라는 이름을 바꾸기로 결심하신 겁니까?"

"우루카우라는 게 깊이감이 없다고나 할까요? 저희 회사의 이미지가 그저 물건을 사고파는 공간이라는 것으로 그치는 게 마음에 걸렸습니다."

"아하, 그렇군요. 새로운 이름은 뭘로 정하셨나요?"

"네, '모두 주식회사'라고 정했습니다. 우리 모두의 주식회사라는 뜻입니다."

"모두 주식회사요? 그럼 기존의 우루카우 서비스는 이제 그만두시는 겁니까?"

"아니요, 그런 질문을 많이 하시는데요. 그건 오해입니다. 쇼핑몰은 이전과 똑같이 이용하실 수 있습니다."

이와모토는 한 박자 쉬더니 말을 이었다.

"다만 앞으로 우루카우의 역할은 점점 작아질 거라고 생각합니다. 더 큰 시스템으로 가기 위한 정거장에 지나지 않게 되겠지요. 그런 날이 곧 올 겁니다. 아니, 꼭 그래야 하고요."

"그건 또 무슨 말씀이시죠? 어떤 시스템을 말씀하시는 건가요?"

"글쎄요, 지금은 뭐라고 확답하기 어렵지만……. 저는 이러한 시스템을 '모두가 바라는 꿈의 광장'이라고 부르고 싶습니다."

"모두가 바라는 꿈의 광장이요?"

"그렇습니다. 현재 우루카우는 물건을 사고파는 데 특화되어 있지만, 장차 자원봉사나 비영리 활동을 통해 다양한 꿈을 실현하기 위한 툴을 갖추고 싶다고 해야 할까요? 누구나 자기 채널을 손쉽게 가질 수 있도록 해서, 사람들이 다 같이 행복해지는 시스템을 만들어 볼까 합니다."

이와모토가 숨을 고르며 말했다.

"최근에 읽은 책에서 다음과 같은 구절을 발견했습니다. 사업이란 세상에 이로운 무언가를 창출하는 것, 눈앞의 사람을 한 명 한 명 행복하게 만드는 거라고요. 모두가 바라는 꿈의 광장은 바로 그런 것을 위한 시스템이 될 것입니다."

그러자 앵커는 조금 의아한 표정을 지었다.

"네, 아주 장대하군요. 하지만 그런 걸로 수익이 날까요?"

"수익이 전혀 안 날지도 모르겠네요. 안 그래도 요즘 대표가 돈 안 되는 일을 자꾸 벌인다고 주주들한테 혼나고 있긴 합니다. 하하하."

이와모토의 웃는 얼굴이 화면에 가득 찼다. 그 모습을 보며 히로토는 왠지 가슴이 뜨거워졌다. 그리고 아직 못다 한 일을 떠올렸다. 곧 주주 총회를 소집했다.

주주 총회가 시작되자 히로토가 어렵사리 입을 열었다.

"갑작스럽겠지만, 우리 모두 회사의 경영에서 손을 떼려고 합니다."

다시 시작할 거라는 말은 속으로 꿀꺽 삼켰다.

자문 아저씨가 심술궂은 얼굴로 말했다.

"뭐, 그만둔다고? 그만두는 건 자유지만 이제야 좀 유명해졌는데? 나중에 후회해도 나는 모른다."

"네, 저희 모두 고민 끝에 결정했어요."

"그럼 주식도 내놓을 거야? 흠, 그러든지. 그럼 이제 내가 다 사들이면 되지. 회사가 통째로 내게 굴러들어오게 생겼군."

아저씨는 묘한 표정을 지었다.

"근데 저희 없이 '방과 후 주식회사'를 계속하실 수 있으세요?"

린의 한마디에 아저씨 얼굴이 새빨개지더니 발을 쿵쾅대며 교실 밖으로 나갔다. 히로토와 린, 유마, 아오이는 서로를 마주 보며 빙긋이 웃었다. 잠시 후 1학년 1반 아이들에게 그동안 벌어들인 돈에서 주식의 수만큼 배당금을 나누어 주었다.

히로토는 다시 한번 큰 소리로 공표했다.

"이제 우리는 '방과 후 주식회사'를 떠납니다."

그러고는 가벼운 얼굴로 말을 이었다.

"더 열심히 공부해서 어른이 되면 진짜 주식회사를 세워 볼 거야. 지금 우리들의 방과 후 주식회사는 없어지지만 분명 값진 경험이었으니까, 더 재미있는 사업을 시작해 볼 수 있을 것 같아."

그러자 "와아!" 하고 교실에 함성이 울려 퍼졌다.

히로토는 한 뼘 더 자란 기분이었다. 이 모든 일은 도서관에서 만난 작은 책에서부터 시작되었다. 우리와 같은 이야기를 누군가 또 어딘가에서 부지런히 만들어 내고 있을 것이다.

작가의 말

우리들의 방과 후 주식회사에 초대합니다!

어릴 적에 아버지에게 경영 비법을 전수받은 건 내게 더할 나위 없는 행운이었다. 아버지는 틈날 때마다 "눈앞의 사람을 행복하게 하는 게 경영이다.", "인간은 누구나 자기 인생의 경영자다."라고 말했다.

나는 그런 아버지의 영향으로 중학교 1학년 때 한 축제에서 작은 노점을 열었다. 벼룩시장에서 산 물건들을 다시 팔려고 내놓았는데, 그걸 보고 농구부 친구들이 눈을 반짝였던 게 기억난다. 아주 대단한 사업은 아니었지만, 그 후로 "내 인생은 내가 경영한다."는 것이 첫 신조가 되었다.

도쿄대학교 경영학 박사 제1호로, 지금 게이오대학교 상학부 준교수 자리에 있다고 하면, 사람들은 대개 정해진 코스를 그저 순탄하게 걸어왔을 거라고 막연히 생각한다. 그런데 결코 길다고 할 수 없는 내 인생은 우여곡절의 연속이었다.

아버지가 30억가량의 빚을 떠안고 파산하면서, 나는 중학교 졸업과 동시에 학비를 스스로 벌어야 했다. 일반 고등학교를 다닐 형편이 안 되어 공부와 일을 병행하며 검정고시를 거친 후 대학 입시를 치렀다.

석사와 박사 과정에 들어가면서는 생활비와 연구비를 벌기 위해 동기들과 같이 클라우드형 의료용 IT 시스템과 경영 학습 보드게임을 만들었다. 아무 실적도 없는 상태에서 출판 기획을 제안하여 나의 생각을 책으로 만들었고, 경영학 연구자가 되겠다는 야망을 키웠다.

물론 나 혼자의 힘으로 가능했던 건 하나도 없었다. 이건 모두 비전을 공유하는 사람들과 함께함으로써 가능한 일이었다. 목표를 세우고, 그것을 달성하기 위해 방법을 찾고, 수치화할 수 있을 정도로 구체화하여 실행했다.

시간이 지나도 성과가 나타나지 않을 때는 무조건 재검토했다. 목표를 실현하기 위해 전략을 세우고 실행 계획을 체계적으로 구성했다. 프로세스의 토대가 되는 비전을 명확하게 세운 뒤, 비전을 열정적으로 알려서 동료들을 늘려 갔다. 모든 프로젝트가 이러한 과정의 반복이었다.

사실 이 책의 토대가 된 것은 아버지와 함께 쓴 《나의 노부나가 군》이라는 소설이다. 이상한 학생이 전학 오는 걸로 시작되는데……. 그는 오다 노부나가(1534~1582, 130여 년간 이어진 일본의 혼란 시대를 평정한 인물. 일본 근세 사회의 토대를 구축한 창조적 지도자로 꼽힌다. ㅡ옮긴이)가 환생한 경영의 천재였다.

그 책을 읽으면 기업가 정신에 대해 알 수 있다. 이후에도 아버지는 경영, 정치, 경제 분야를 총망라한 《문답집》이라는 책을 내기 위해 준비했다.

하지만 눈앞의 사람을 행복하게 하기 위해 오로지 앞만 보고 달리던 아버지는 거듭된 사업 실패와 빚 연대 보증, 그리고 무보수를 공약으로 내세운 면장 선거에서 두 번이나 낙선했다. 하루하루 궁핍해지는 생활에 지쳐 가다 폐암에 걸린 사실을 알게 되었지만 모든 치료를 거부했다. 나는 아버지의 선거 자금을 마련하고 절차에 따라 빚을 청산하느라 몹시 힘들었다.

그런 아버지가 나에게 남긴 마지막 말은 이러했다.

"슌페이, 부탁한다. 내 생각을."

생이 얼마 남지 않은 상황에서도 아버지는 병실 침대에서 《문답집》을 계속 썼고, 그 후의 일을 나에게 맡겼다. 《문답집》은 남들이 봤을 때는 도저히 책이라 부를 수 없었고, 가격도 매길 수 없는 지저분한 종이 다발이었다. 하지만 나는 아버지가 '경영'이라는 귀한 보물을 나한테 잠시 넘긴 것이고, 그것을 세상에 널리 퍼뜨리는 것이 내 천명이라고 믿었다.

만약 경영의 마음가짐과 지혜를 가진 사람이 장차 백만 명쯤 늘어난다면 어떻게 될까? 좋은 사업들이 수없이 생겨날 것이고, 그러면 장차 더 좋은 나라가 되지 않을까?

물론 여기서 말하는 사업은 단순히 돈벌이만을 의미하지 않는다. 사회적 기업과 자원봉사, 갖가지 연구 등 모든 것을 포함한다. 경영의 마음가짐과 지혜가 널리 전해지면 세상에는 가치 창출을 하는 모임이 점점 더 많이 생겨날 수 있다. 그곳을 향해 한 걸음이라도 다가설 수 있다면, 그보다 더 근사한 일은 없을 것이다.

아버지가 돌아가신 지 십 년이 지나고, 이 비전에 공감해 주는 분들이 서서히 나타났다. 그분들 덕분에 이 책을 출판하기에 이르렀다. 비록 과정이 힘들긴 했지만, 결과적으로 최고의 팀과 함께 출판 프로젝트에 임할 수 있었다.

이 책의 기획부터 집필, 출판과 배본까지 중간중간 도와주신 많은 분에게 깊은 감사의 인사를 드린다. 무엇보다 이 책을 읽고, 많은 사람이 경영의 마음가짐과 지혜를 공유할 수 있다면, 내가 그동안 신세 진 분들과 사회 전체에 보답하는 길이 되리라고 믿는다. 나아가 나라를 넘어서 세계에 보답하는 길로 이어진다면 그보다 더 기쁜 일은 없을 것이다.

나도 독자 여러분처럼 인생을 경영하는 길 위에 서 있다. 내 인생의 '경영'은 이제 막 시작되었다.

_이와오 슌페이

십 대를 위한

경영 노트

2학년 2반 이와모토 도시히로

인생도 경영이다

세상은 비즈니스로 넘쳐난다. 자신이 생각한 일을 추진할 때도 비즈니스는 반드시 필요하다. 비즈니스가 성공하려면 경영을 잘해야 한다. 그리고 경영을 잘하면 돈을 많이 벌 수 있다. 이 세상에서 돈이 전부는 아니지만, 우리가 살아가는 데 돈은 아주 중요하다. 꿈이나 행복처럼 돈으로 사지 못하는 것도 있지만, 돈이 있으면 과자나 축구공, 최신 게임을 살 수 있다.

혹시라도 경영이 뭐냐고 묻고 싶은 사람이 있다면, 일단 자신이 살고 있는 집 안을 한번 둘러보자.

텔레비전, 소파, 테이블, 프라이팬, 전자레인지, 꽃병, 과자 등 주변에서 흔히 볼 수 있는 물건들은 보통 기업에서 만들어 낸 것이다. 바꿔 말하면, 세상의 모든 물건은 어떤 천재가 혼자서 뚝딱 만든 것이 아니라는 뜻이다. 많은 사람과 많은 물건, 많은 돈, 많은 정보, 많은 지식이 모여서 각 가정에 이르게 되는 것이다.

그것을 가능하게 하는 것이 바로 경영이다.

사업을 하는 사람이 꼭 천재일 필요는 없다. 중요한 것은 '경영'이다. 사업을 하기 위해 사람과 물건, 돈, 정보, 지식이 단순히 창고에 모이기만 해서는 별다른 의미를 갖지 못한다. 누군가가 어떤 생각을 가지고 특정한 방법으로 조합을 해야 비로소 텔레비전과 같은 제품이 오롯이 완성된다.

아무리 천재 과학자이고 천재 발명가라 하더라도, 혼자서 할 수 있는 것은 매우 제한적이다. 설령 텔레비전 구조를 생각해 낸다 하더라도 그 생각을 세상에 널리 전하려면 혼자서는 절대로 무리다. 근사한 설계도가 있다 하더라도 마찬가지다.

누군가가 유리를 녹이고 철을 구부려서 배선을 연결해 완제품으로 조립해야 한다. 거기서 끝난 게 아니다. 누군가 우리가 사는 지역의 대리점에 가져다주고, 판매원이 목소리를 높여 팔아야 한다. 그렇게 해서 텔레비전이 우리 집으로 오는 것이다.

그뿐만이 아니다. 텔레비전은 방송을 내보내는 방송국이 존재해야 단순한 고철 상자로 전락하지 않는다. 방송국에는 프로그램을 구상하는 사람이 있고, 대본을 쓰는 사람이 있고, 진행을 하거나 연기를 하는 사람이 있고, 조명을 맡은 사람이 있다. 거기에 오디오 담당자도 있고, 카메라 담당자도 있다. 그런 사람들이 있기에 우리가 생각하는 텔레비전이 될 수 있는 것이다.

여기까지 읽고 안심하기에는 아직 이르다. 텔레비전을 제조 및 판매하는 회사와 방송국이 있다고 해서 끝나는 게 아니다. 방송국은 광고로 돈을 번다. 우리가 텔레비전을 볼 때 나오는 광고를 위해 많은 비용을 지불하는 사람들이 있다. 방송국은 그렇게 번 돈으로 프로그램을 제작한다. 그리고 광고는 '광고 회사'에서 만든다.

이 모든 과정에서 '경영'이 필요하다.

그래도 경영이 무엇인지 잘 모르겠다고? 이제 막 읽기 시작했으니 너무 초조해할 필요는 없다.

일단 경영을 다음과 같이 생각해 보자. 누군가 세상에 어떤 '좋은 물건'을 내놓으려고 한다. 그러기 위해서 사람과 물건, 돈, 정보, 지식 등을 모은 뒤 목적에 맞게 조합해서 제품이나 서비스로 완성시킨다. 그렇게 완성된 제품이나 서비스를 세상에 내놓는다.

좀 어렵다고? 걱정할 것 없다. 이 책에서 궁금한 부분만 찾아 읽고, 나머지는 대충 봐도 된다. 언제든 궁금해질 때 다시 읽으면 된다.

만약 여유가 있다면 중간중간 나오는 문제를 읽고 자기 나름의 답을 생각해 보면 좋겠다. 다만, 이 문제는 학교에서 보는 시험 문제와는 조금 다르다. 정답이 없기 때문이다. 경영에서는 답이 없는 문제를 계속 생각하는 것이 중요하다.

아울러, 경영은 주식회사의 전유물이 아니다. 경영은 이 세상의 모든 '조직'에 필요한 것이다. 주식회사는 물론, 학교나 관공서도 마찬가지다.

사람은 이렇게 누구나 자신의 인생을 경영하며 살아간다. 하고 싶은 일이 있으면 목표를 세우고 계획을 한 뒤, 누군가의 도움을 받으면서 경영

해 나가야 한다.

이 책은 아이부터 어른까지, 누구나 쉽게 '경영'을 배울 수 있도록 만들었다. 경영을 배우면서 세상의 이치를 깨달을 수 있다. 어쩌면 실제로 경영을 해 볼 수도 있을 것이다. 이 책을 만났다는 행운이 왔다면, 이제부터는 오로지 의욕의 문제다.

자, 희망을 갖고 다음 장으로 넘어가 보자!

차 례

⟨1⟩ 처음 사업을 시작할 때는

경영이 무엇일까? 플리마켓에 가게를 내는 일도 경영이다. 엄마에게 심부름 쿠폰을 주는 것도,
학교 축제에서 크레이프를 굽는 일도 모두 다 경영이다. 이렇게 작은 비즈니스의 씨앗이 제품과
서비스로 이어져 세상에 전해지는 과정을 살펴보려고 한다.

비즈니스 : 눈앞의 사람을 더 행복하게 하는 것

비즈니스라는 말을 한 번쯤은 들어 봤을 것이다. 하지만 비즈니스가 무엇인지 제대로 설명해 달라는 말을 들으면 대체로 난감해한다. 예를 들면, 다음과 같은 일도 비즈니스의 첫걸음이다.

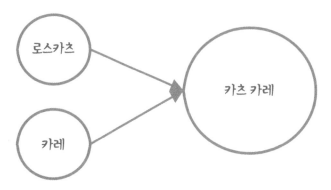

새로운 가치를 창출해서 모두를 행복하게 하는 것이 '비즈니스'이다.

로스카츠와 카레를 플라스틱 용기에 그럴싸하게 담는다. 그러면 많은 사람이 좋아하는 '로스카츠 카레 도시락'이 된다. 이 로스카츠 카레 도시락이면 로스카츠와 카레, 그리고 플라스틱 용기를 구입하는 데 든 금액보다 더 높은 가격에 팔 수 있다. 이것이 바로 비즈니스다. 처음 가격보다 비싸졌다는 것은 거기에 더해진 가치에 행복을 느낀 사람이 있어서 그만큼을 돈으로 지불했다는 의미다.

비즈니스는 눈앞의 사람을 한 명 한 명 행복하게 하는 것이다. 이해하기 어렵다고? 그렇다면 비즈니스를 다음과 같이 생각하면 어떨까? 자신이 가진 물건에 변화를 가한 뒤 어딘가에서 되판다. 그때는 반드시 어떤 가치를 더해야 한다. 비즈니스는 돈을 버는 것만이 전부가 아니다. 돈을 별로 벌지 못하는 비즈니스도 있으니까. 그렇다면 비즈니스와 경영은 무엇이 다를까? 그런 의문이 들었다면 여러분은 굉장히 예리한 사람이다.

사실 비즈니스와 경영을 똑같다고 말하기는 어렵다. 비즈니스는 어떤 일을 목적과 계획을 가지고 짜임새 있게 경영하는 걸 말한다. 경영은 비즈니스를 성공적으로 이끌기 위한 수단 혹은 능력이라 할 수 있다.

문제1 비즈니스에 관한 설명을 다시 한번 읽고, 우리 주변에 어떤 형태가 있는지 구체적으로 적어 보자.

문제2 집에 있는 물건으로 비즈니스를 한다면 어떤 것을 시작해 볼 수 있을까? 친구들과 자유롭게 이야기해 보자.

사업 : 눈덩이처럼 데굴데굴 굴려라!

겨울에 한 번쯤 눈사람을 만들어 본 경험이 있을 것이다. 처음에는 조그맣던 눈덩이가 데굴데굴 굴리다 보면 땅 위의 눈과 합쳐져서 엄청나게 커진다.

비즈니스, 즉 사업도 마찬가지로 눈덩이처럼 커질 때가 있다. 사업이 잘 돌아가기 시작하면 가게를 넓히고, 상품 수를 늘리고, 많은 사람을 고용하고 싶어진다. 사업이 잘되면 금전적인 여유가 생기기도 한다.

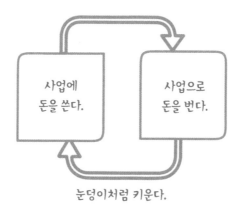

사업에
돈을 쓴다.

사업으로
돈을 번다.

눈덩이처럼 키운다.

사업이란 무엇일까? 회사를 예로 들면 텔레비전 사업부, 컴퓨터 사업부, 게임 사업부 등이 있다. 이때 사업을 영어로 하면 비즈니스, 엔터프라이즈, 프로젝트 정도가 된다. 그렇다면 사업은 이런 것만 가리킬까?

일반적으로 그렇지 않다. 사업이라고 하면 대부분 어느 정도 규모가 있는 걸 가리킨다. 사업을 하려면 사람과 물건, 돈 등이 많이 필요하다. 그리고 그것이 모두 제대로 움직이기 시작했을 때라야 비로소 '사업'이라고 말할 수 있다.

처음에는 보잘것없던 사업이지만 점차 규모가 커지게 된다. 일을 하고, 돈을 쓰고, 마케팅을 하고, 돈이 들어오고, 또 그 돈을 쓰고……. 이 일련의 과정을 데굴데굴 눈사람 굴리듯 계속해서 반복하는 것이다. 이렇게 해서 사업이 커진다.

사업체를 처음 만드는 것을 창업이라고 하고, 사업을 일으켜 경영하는 사람을 기업가 혹은 창업자라고 부른다. 그리고 기업가나 창업자로서 사업을 운영하는 사람을 사업가라고 한다.

> **문제1** 혼자 시작한 사업에 손님이 증가하게 되면 어떤 문제가 발생할지 생각해 보자.
>
> **문제2** 많은 돈을 쓰고, 많은 물건을 사들이고, 많은 사람을 고용할 때 주의할 점은 무엇일까?

창업 : 백번 도전하면 백번의 기회가 생긴다

일반적으로는 하고 싶은 일이 생긴 다음에 사업을 시작한다. 하지만 실제로는 창업을 결정한 뒤, 사업 아이템을 찾는 경우도 많다. 그러다 잘 안 풀리면 다른 종목으로 변경하거나 아예 다른 일에 집중하기도 한다. 첫 사업이 성공하는 경우는 아주 드물다.

예를 들면, 남은 재료들로 카레를 만들 때를 생각해 보자. 소고기가 있으면 좋겠지만, 돼지고기밖에 없다면 그걸 써야 한다. 감자가 없을 땐 당근과 양파만 넣어야 한다. 그러다가 가지를 발견해서 넣을 수도 있다. 취향에 따라 카레 가루뿐만 아니라 간장이나 소스 등을 활용하기도 한다. 맛을 확인하면서 우유도 넣는다.

갖고 있는 자료로 만드는 카레처럼, 기업을 운영할 때는 지금 손에 쥔 것을 최대한 활용해야 한다. 그리고 맛을 확인하면서 조미료를 추가하는 것처럼, 고객의 반응을 틈틈이 살피면서 제품과 서비스를 변경한다.

처음부터 계획대로 되지 않는다면 기업의 성공 여부는 '운'이 아니냐고 묻고 싶을 것이다. 물론 운도 꽤 중요하다. 하지만 주사위의 눈은 바꾸지 못해도 주사위를 던지는 횟수는 바꿀 수 있다.

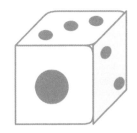

주사위의 눈은 바꾸지 못한다!
하지만 주사위를 던지는 횟수는 바꿀 수 있다!

즉 기업이 잘되는 것은 운에 좌우될 수 있다고 해도, 도전하는 횟수는 스스로 결정할 수 있다는 뜻이다. 백번 도전하면 백번의 기회가 생긴다. 다만 도전했다가 실패하는 상황도 가정해야 한다.

문제1 오늘 라면 가게를 연다면, 어떤 라면을 어디서 얼마에 팔고 싶은지 생각해 보자.

문제2 지난 일주일 동안, 나는 어떤 '도전'을 했는지 돌아보자.

회사 : 사람과 물자와 돈이 모인 곳

사업을 단숨에 키우려면 무엇이 필요할까? 당연히 사람과 물자, 돈이 있어야 한다. 물론 사업을 하면서 돈을 조금씩 모을 수 있다. 하지만 언제까지 그것만 바라보고 기다리기는 어려운 노릇이다. 우물쭈물하는 사이에 번 돈보다 지불할 액수가 더 많아서 회사가 문을 닫아야 할 수도 있다.

돈을 빌리는 방법도 있다. 그런데 막상 빌리자니 내키지가 않고, 어떻게 빌렸다손 쳐도 원금과 이자를 갚아 나가야 한다는 생각에 부담스러울 수 있다.

그래서 주식회사가 탄생했다. 주식회사는 돈이나 물자를 제공하는 '투자자'와 그 돈이나 물자를 이용해서 사업을 하는 '사업가'가 만나서 이루어진다. 세상에는 사업은 하고 싶지만 직접 경영하는 건 귀찮아 하는 사람도 있다. 그런 사람들이 돈이나 물자를 제공하는 것이다. (이를 '출자'라고 하며, 이런 사람들을 '출자자'라고도 한다.)

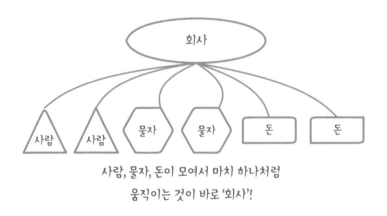

사람, 물자, 돈이 모여서 마치 하나처럼
움직이는 것이 바로 '회사'!

주식회사에 돈이나 물자를 제공하는 투자자를 '주주'라고 부른다. 주주라는 형태로 회사의 일원이 되는 것인데, 주식회사는 이런 사람들의 집합체라 할 수 있다.

길을 가다 보면 ○○주식회사, ××유한회사 같은 이름을 흔히 볼 수 있다. 백화점이나 마트에서 파는 제품은 대개 이런 회사가 만들어서 판매한다. 이때 회사에 돈을 제공한 주주는 회사의 구성원이기에 회사가 돈을 바로바로 돌려줄 필요가 없다.

회사가 주주라는 출자자를 모으면, 그 주주가 모이는 주주 총회에서 어떤 목표로 사업을 할 것인지, 경영을 누가 할 것인지 등 회사에서 중요한 사항을 논의하고 결정한다. 대체로 다수결로 진행하는데, 돈을 많이 제공한 사람일수록 의결권을 더 갖는다. 주식 1주가 1만 원이라면 1만 원을 출자한 사람은 1주를 지닌 주주가 되고, 10만 원을 출자한 사람은 10주를 가진 주주가 된다.

여기서 투자받은 돈이나 물자를 사용해서 회사를 경영하는 사람을 대표 이사라고 한다. 대표 이사는 사업을 성공시키기 위해 노력해야 하며, 수익이 났을 때는 주주와 나누어 갖는다.

문제1 내가 좋아하는 상품을 만드는 회사를 인터넷에서 찾아보자.

문제2 주식회사를 세우려면 어떤 준비가 필요할까? 출자자를 모아서 대표 이사를 선임한 다음에는 무엇을 해야 할지 생각해 보자.

수요와 공급 : 고객이 원하는 것을 찾으라

학교 운동장에 깔려 있는 모래를 사겠다는 사람이 있을까? 아마도 거의 없을 것이다. 하지만 유리를 만들 수 있는 리비아 사막의 모래라면? 분명히 갖고 싶어 하는 사람이 나타날 것이다.

회사를 세웠다고 해서 반드시 돈을 버는 건 아니다. 그것은 또 다른 문제다. 회사가 돈을 벌려면 그 회사에서 만든 물건이 많이 팔려야 한다.

돈을 내서라도 가지고 싶다는 사람이 있는 것을 '수요'라고 한다. 수요가 있는지 없는지는 고객으로 결정된다. 제품과 서비스가 팔리려면 그것을 원하는 사람이 한 명 이상 있어야 한다. 어떤 물건을 필요로 하는 사람이 돈을 지불해야 제품 혹은 서비스를 받을 수 있다.

이렇게 돈과 제품 혹은 서비스를 교환하는 것을 '매출'이라고 부른다. 그리고 수요에 맞추어 제품과 서비스를 제공하는 것을 '공급'이라고 한다. 여기서 주목할 점은 수요에 따라 공급량이 결정된다는 사실이다. 수요보다 공급이 많으면 제품이 남게 된다.

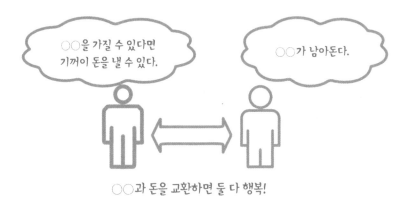

○○과 돈을 교환하면 둘 다 행복!

하지만 수요를 불러일으킬 방법도 있다. 가격을 낮추는 것이다. 가격을 낮추면, 값이 쌀 때 사 두어야겠다고 생각하는 사람이 늘어난다. 평소 감자칩을 잘 사 주지 않던 엄마가 특가로 할인하면 왕창 사는 것과 같다.

문제1 10원이더라도 갖고 싶지 않은 것, 반대로 10억 원이라도 갖고 싶은 것이 있다면 적어 보자.

문제2 내가 회사의 대표라고 가정하고, 어떤 상황에서 제품이나 서비스의 가격을 올리거나 낮출지 상상해 보자.

제품과 서비스 : 눈에 보이는 것 vs. 눈에 보이지 않는 것

편의점에 가면 500밀리리터 생수 한 병이 1,000원쯤 한다. 그렇다면 2리터짜리는 얼마일까?

흔히 양이 네 배면 가격도 네 배라고 생각하기 쉽다. 하지만 절대로 그렇지 않다. 정답부터 말하면, 2리터짜리 생수도 약 1,000원에 판매한다. 왜 그럴까? 양이 적으면 그만큼 가격도 싸야 할 것 같지만, 500밀리리터 생수 병은 '들고 다니기 편하다'는 장점이 있다.

그러면 편의점이나 슈퍼마켓이 아닌 자동판매기에서 살 때는 어떨까? 용량과 내용물이 똑같아도 자동판매기에서는 두 배가량 더 비싸다. 자동

판매기의 음료는 '그 자리에서 간편하게 구매할 수 있다'는 장점이 있기 때문이다.

이런 장점을 기능 또는 서비스라고 한다.

여기까지 읽다 보면 '제품과 서비스란 무엇일까?' 하는 생각이 든다. 페트병의 생수를 예로 들면, 신선한 맛뿐만 아니라 들고 다니기 편리하다는 서비스까지 팔고 있다. 2리터짜리 생수는 무거워서 집에서 마셔야 한다. 그러니까 '들고 다니기 편하다'는 것은 생수 양이 네 배가 되는 것보다 훨씬 더 가치 있는 서비스라는 의미다.

이처럼 제품의 가치는 제품 자체뿐만 아니라 크기나 포장, 덤, 보증 등 다양한 요소로 결정된다. 덤을 보고 과자를 사는 경우도 있고, 보증서를 보고 장난감을 소중히 보관하는 경우도 있다.

이런 것들이 모두 제품이다. 그런 의미에서 제품이든 서비스든, 손님에게 가치 있는 것을 제공한다는 점에서는 똑같다. 제품은 형태가 있지만 서비스는 형태가 없다는 점만 다를 뿐이다. 하지만 제품도 결국에는 서비스가 된다.

자동차를 예로 들어 보자. 자동차는 단순히 제품일까? 자동차를 구매한 사람은 단지 거대한 고철 덩어리를 산 것이 아니다. 교통수단으로써 안전하고 쾌적한 이동 서비스를 함께 구매한 것이다.

자동차를 사지 않고 택시를 이용하는 사람도 있다. 단순히 말하면 자동차를 구매할 것인지 택시를 이용할 것인지, 각자의 취향에 따라 서비스를 선택하는 것이다. 서비스를 제공받는다는 점에서는 둘 다 똑같다.

이처럼 서비스는 고객이 '해 달라는 일'에만 국한되는 게 아니라, '원하지 않는 일'까지도 대신할 수 있어야 한다.

문제1 누구나 지금 갖고 싶은 게 있을 것이다. 그렇다면 그 제품은 나에게 어떤 서비스를 제공해 줄까?

문제2 크기가 같은데 가격이 다르거나, 반대로 크기가 다른데 가격이 똑같은 제품이 생수 외에 또 어떤 물건이 있을까? 집 근처 편의점에 가서 조사해 보자.

부가 가치 : 1+1=2보다 더 큰 가치

날달걀과 간장, 밥을 따로 먹는 장면을 상상해 보자. 날달걀을 후루룩

먹고, 간장을 핥은 다음에 밥을 입에 넣는다? 전혀 따라 하고 싶지 않은 방법이다.

하지만 따뜻한 밥 위에 날달걀을 얹고 간장과 비비면 각각 따로 먹었을 때와는 비교할 수 없을 만큼 맛있어진다. 간장 달걀밥이라는 근사한 요리가 완성되는 것이다.

이처럼 각각의 재료를 따로 먹는 것보다 조합했을 때 더 맛있는 것처럼, '섞는다'는 수고를 더하면 이전보다 더 좋아지는 것이 바로 부가 가치다.

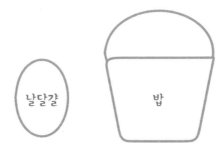

날달걀과 밥을 따로 먹는 것보다 같이 섞어야 더 맛있다.
1+1=2가 맞지만 그 이상이 된다 ➡ 이것이 '부가 가치'

그렇다면 어디선가 사 온 제품을 되팔 때는 부가 가치가 없는 걸까? 슈퍼마켓이나 쇼핑몰에서 파는 상품을 예로 들어 보자. 슈퍼마켓이나 쇼핑몰에서는 다양한 회사에서 만든 제품을 판매한다. 그 제품들을 진열해서 팔기만 할 때는 부가 가치가 어떻게 될까?

그 경우에도 부가 가치는 생겨난다. 그래서 매입 당시의 금액보다 판매 가격이 올라가는 것이다. 슈퍼마켓이나 쇼핑몰에서는 고객이 원하는 물건을 찾기 편도록 '갖추어 놓고 보관한다'는 부가 가치가 있다.

개인이 직접 농가나 산지로 가서 물건을 사려면 차를 타고 먼 곳까지 가야 한다. 그것을 얻기 위해 들여야 하는 비용이나 시간이 훨씬 더 많이 필요하다. 슈퍼마켓이나 쇼핑몰은 그런 수고를 덜어 준다.

이처럼 돈이 지불되는 일에는 대부분 부가 가치가 따른다. 물론 폭력을 써서 강제로 돈을 지불하게 하는 경우는 예외다.

문제1 그저 평범한 공터인 주차장을 이용하는 데도 돈을 내야 할 때가 있다. 그런 경우에 주차장이 제공하는 부가 가치는 무엇일까?

문제2 부가 가치가 큰 것과 작은 것은 어떤 차이가 있는지 생각해 보자.

생산 : 부가 가치가 있는 무언가를 만드는 것

물건을 만들거나 서비스하는 것을 생산이라고 한다. 생산이란 부가 가치가 있는 무언가를 만드는 것이다.

물건을 만들려면 먼저 재료가 필요하다. 재료를 갖추면 그것을 가공하거나 조합해야 한다. 요리를 예로 들어 볼까? 조리법에 맞추어 채소나 고기를 썰어서 삶거나 굽는다.

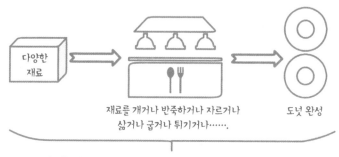

재료를 개거나 반죽하거나 자르거나
삶거나 굽거나 튀기거나……

도넛 완성

재료를 마련해서 더 가치 있는 것으로 바꾸는 것이 '생산'

따라서 생산을 위해서 필요한 재료를 마련하고, 그 재료를 어떻게 쓸지 구상한 뒤, 손을 움직여 만든다. 마지막으로 완성된 요리를 원하는 사람에게 전달하는 과정이 필요해진다.

> **문제1** 카레를 가족이 먹을 만큼 준비하는 것과 카레 음식점에서 대량의 카레를 만드는 것에는 어떤 차이가 있을까?
>
> **문제2** 카레 전문 식당에 카레 외에도 튀김 정식, 계란프라이 정식 등 여러 메뉴를 추가한다면 어떤 효과가 생길까?

가격 : 너무 비싸도 안 되고 이익도 남겨야 하고

제품과 서비스가 완성되면 가격을 책정한다. 가격은 낮을수록 고객이 늘어난다. 하지만 일정 수준은 되어야 이익이 남는다. 그렇다면 어떻게 해야 할까?

가격을 정할 때는 '이 제품과 서비스를 제공하는 데 얼마큼의 돈이 들었는가'를 기준으로 삼는다. 간단히 말하면, 제품과 서비스라는 재료비에 사업자가 원하는 이익을 더하는 것이다.

그다음으로 고려할 사항은 고객이 '지불할 수 있는 가격은 얼마가 적정한가'이다. 대다수의 고객들이 생각하는 가격보다 높게 책정하면 아무리 좋은 제품과 서비스라도 팔리지 않는다.

마지막으로는 경쟁 업체에서 비슷한 품목을 얼마에 파는지 참고하는 것이다. 비슷한 물건을 경쟁 업체보다 높은 가격으로 팔면 아무도 내 제품과 서비스를 구매하려 들지 않는다.

판매 = 이익

직접 만들거나 다른 사람에게서 구입하는 데 드는 돈 = 비용

가격

언뜻 비슷해 보여도 실제로 전혀 다른 거라면 크게 상관은 없다. 예를 들면, 머리를 자르는 데 똑같이 만 원을 받는 미용실이 있다 하더라도 완성된 헤어스타일에서는 크게 차이가 날 수도 있다.

또 가격은 상황에 따라서 얼마든지 변경할 수 있다. 재고를 처분하거나 무조건 빨리 다 팔고 싶을 때는 파격적으로 할인을 할 수 있다. 그 밖에 매장을 새로 열거나 사업을 접을 때도 큰 폭으로 가격 할인을 하게 된다.

문제1 어떤 물건을 살 때는 가격을 따지면서 비교하고, 또 어떤 물건은 가격을 전혀 개의치 않고 구매한다. 왜 그럴까?

문제2 자신이 가진 물건 중에 가격이 높아서 조심스럽게 다루는 것이 있는지 찾아보자.

판매와 광고 : 내 고객에게 어필하라!

좋아하는 사람에게 먼저 고백을 하지 않으면 그 마음을 전혀 알 수가 없다. 사업도 마찬가지다. "이런 물건을 팝니다!" 하고 알려야 한다. 말하자면 거리에서 전단지를 나누어 주거나 벽에다 포스터를 붙이거나 목소리를 높여 선전하거나 인터넷에 글을 올리는 것, 이 모든 것이 광고다.

제품과 서비스를 완성하고 가격까지 결정했다면, 남은 건 사람들에게 알려서 그 제품을 구매하게끔 만드는 일이다. 슈퍼마켓이든, 백화점이든, 인터넷 쇼핑몰이든, 자동판매기든 상관없지만, 그곳에서 어떻게 광고하고 판매할 것인지에 대해 깊이 고민해야 한다.

어둠 속에서는 제아무리 윙크를 해도 아무도 모른다!

다만 세상 사람들이 모두 내 제품과 서비스를 알 필요는 없다. 내 고객이 될 가능성이 있는 사람에게만 어필하면 된다. 타깃이 분명해야 한다는 뜻이다. 내 고객이 어떤 사람이고, 어떤 곳에 있으며, 무엇을 보고 읽고 듣는지 조사해서, 그에 맞는 광고를 해야 효과적이다.

문제1 명품을 자동판매기에서 팔고, 붕어빵을 백화점에서 판다면 어떤 느낌이 들까? 주변에 그런 사례가 있는지 찾아보자.

문제2 숙제 대행 서비스가 있다고 치고, 그에 어울리는 **홍보 문구**를 써 보자.

리더십 : 상대에게 근사한 꿈을 제시하는 것?

어느덧 마지막 항목이다. 여기까지 읽느라 좀 지쳤으려나? 아니면, 사업을 직접 해 보고 싶어서 몸이 근질거리려나? 자, 조금만 더 힘을 내자.

지금까지는 사업을 구상한 뒤 어떻게 실현하는지를 얘기했다. 하지만 정작 중요한 것은 아직 나오지 않았다. 마지막 키워드는 바로 리더십이다.

제품과 서비스를 완성해서 판매하려면 다양한 사람들과 엮여야 한다. 정확히 말하면, 그 사람들에게 다양한 부탁을 해야 하는 상황에 놓인다. 이때 그 사람들 한 명 한 명에게 영향을 미치는 힘을 리더십이라고 한다. 경영에서 리더십은 결코 빼놓을 수 없는 덕목이다.

나에게는 무리라고? 아니, 절대로 그렇지 않다.

극단적으로 말하면, 리더십은 돈으로 살 수 있다. 사람을 고용해서 일을 하게 만드는 것도 일종의 리더십이니까.

나를 따르게 하는 것 = 리더십

아주 오랜 옛날, 알렉산더 대왕 시절에 덕망이 없기로 소문난 사람이 장군의 자리에 오른 적이 있었다. 사실 그 사람은 뛰어난 두뇌의 소유자였다. 그는 부하에게서 많은 돈을 빌린 뒤 매달 조금씩 갚아 나갔다. 부하는 이 장군을 배신할 수가 없었다. 그랬다가는 빌려준 돈을 돌려받지 못할 수도 있기 때문이었다.

　　물론 리더십은 덕망으로 얻는 것이 마땅하다. 그러기 위해서는 상대에게 항상 뭔가를 부여하고, 근사한 꿈을 보여 주어야 한다. 대개는 멋진 꿈을 제시하는 사람을 따르고 싶어 하기 마련이다.

문제1 주변에 리더십이 있어 보이는 사람이 있는가? 만약 있다면, 왜 그런 생각이 드는지 적어 보자.

문제2 리더십을 기르기 위해서는 어떤 노력을 해야 할까?

2 지속 가능한 사업을 위하여

앞에서는 사업을 하기 위해 갖추어야 하는 것들에 관해 알아보았다. 이 장에는 사업을 지속하기 위해 필요한 지식을 이야기하려 한다. 이 두 가지는 어떻게 다를까? 사실 커다란 차이가 존재한다. 친구들과 같이 축구를 하는 것과 축구 선수를 준비하는 것만큼 다르다. 사업을 지속하기 위해서는 새로운 제품과 서비스를 계속 창출해야 한다. 눈앞의 한 가지만 생각해선 절대로 안 된다. 다음을, 일 년 후를, 십 년 후를 항상 생각하고 있어야 한다. 지금부터 차근차근 살펴보자.

제품 개발 : 새로운 걸 지속적으로 만들자!

제품과 서비스에도 살아 있는 생물처럼 수명이 있다. 한때 획기적이었던 물건도 시간이 지나면 잘 팔리지 않는다. 예를 들면, 유치원이나 어린이집에 다닐 때는 인형을 엄청 좋아하지만 더 자라고 나면 싫증을 느끼는 것과 비슷하다. 또, 유행에 따라 마음이 변하는 경우도 있다.

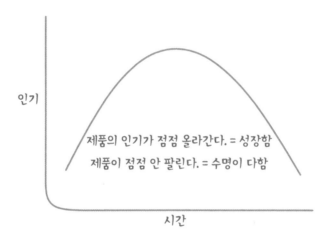

어떤 제품이 처음에는 인기를 얻었다가 다시 내려가기도 하는데, 이를 제품 수명이라고 한다. 인기가 떨어져 판매가 안 되는 제품은 죽음을 맞이한 것과 같다. 모든 제품은 탄생과 성장, 성숙기를 지나 죽음을 맞이하는 과정을 거친다.

만약 회사가 한 가지의 제품과 서비스만 제공한다면 그 수명은 더 빨리 줄어든다. 그러지 않으려면 항상 새로운 것을 내놓으려 노력해야 한다. 이것이 바로 '제품 개발'이다. 즉 새로운 제품과 서비스를 지속적으로 만들어 내는 것을 제품 개발이라고 한다.

제품 개발을 할 때는 고객이 무엇을 원하는지 생각해서 신제품 아이디어를 내야 한다. 소량을 만들어 고객에게 견본을 제공해 테스트를 한 뒤, 반응이 좋으면 정식으로 생산해서 판매한다.

문제1 집에 있는 식재료로 새로운 요리법을 만들어 보자.

문제2 제품 개발을 진행할 때 자본이 필요한 경우를 생각해 보자.

마케팅 : 애초에 팔릴 만한 걸 기획하라

제품 개발을 할 때 무작정 시도를 해서는 안 된다. 반드시 잘 팔릴 만한 제품을 만들어야 한다. 굳이 애쓰지 않아도 알아서 팔린다면 더없이 좋다. 어떻게 제품이 저절로 팔릴 수 있냐고? 세상에 그런 게 어디 있냐고 따지고 싶겠지만, 곰곰이 생각해 보면 한두 가지는 짚이는 게 있을 것이다.

예를 들어, 인기 있는 카드 게임 시리즈가 있다고 치자. 점원이 팔려고 굳이 고군분투하지 않아도 누구나 앞 다투어 사려고 할 것이다. 가게 앞에 줄을 서면서까지 사려 할 수도 있다. 꼭 갖고 싶은 게 있으면 파는 곳을 검색해서 여기저기 찾아다니기도 한다.

사업 역시 마찬가지다. 고객이 '원하는 것'을 팔면 광고를 많이 하지 않아도 된다. 자기 발로 찾아오기 때문이다. 그렇게 하기 위해서는 고객의 마음을 잘 읽고 이해할 줄 알아야 한다. 이것이 마케팅이다.

처음부터 팔릴 만한 것을 기획하는 것이 바로 '마케팅'!

그래도 "마케팅이 뭐야?" 하고 묻는 사람이 있다. 마케팅이란, 한마디로 '영업을 하지 않아도 알아서 팔리게 하는 것'이다. 조금 전에 살펴본 카드 게임 시리즈가 여기에 해당한다. 영업 사원이 자꾸 전화를 건다면 고객들의 반응이 어떨까? 대부분은 "필요 없어요." 하고 쌀쌀맞게 거절할 것이다. 이런 영업은 무척 힘이 든다. 팔리지 않는 것을 어떡하든 팔려고 하기 때문이다.

제품의 성공 여부는 제작하기 전 단계부터 이미 시작된다. 미래의 고객을 상상하고서 어떤 사람이, 어떤 물건을, 어떤 곳에서, 어떤 시간에, 얼마에 원하는지 미리 파악해야 한다.

문제1 '마케팅'이라는 용어를 자기 나름의 방식으로 정의해 보자.

문제2 점원이 홍보하지 않아도 사고 싶은 물건으로 무엇이 있을까?

회계 : 돈의 흐름을 기록하는 것

용돈 기입장에 매달 받는 용돈의 사용 내역을 기록한 경험이 한 번쯤 있을 것이다. 그런데 사흘쯤 지나면? 용돈 기입장에 일일이 다 적기가 귀찮아진다.

그렇더라도 용돈 기입장을 계속 작성하면 돈을 어디에 어떻게 사용했는지 한눈에 알 수 있어서 용돈을 아껴 쓰고 싶은 마음이 생긴다. 돈을 어디에 얼마큼 썼는지 모르면, 물건을 어느 정도의 가격으로 팔아야 이득이 생기는지도 알지 못한다. 그래서 비즈니스를 할 때는 반드시 돈의 출납을 기록해야 한다.

이처럼 '돈의 흐름을 기록하는 것'을 회계라고 한다.

하나의 제품이나 서비스를 창출하는 데 비용이 얼마나 드는지 모르면 가격을 책정하기가 어렵다. 자칫하다간 제품을 팔면 팔수록 돈이 바닥날 수도 있다. 거짓말 같겠지만, 어른들도 간혹 바보 같은 실수를 한다. 그 때문에 망한 회사가 생각보다 꽤 많다.

들어온 돈의 합계에서 사용한 돈의 합계를 빼면 '수익'!

들어온 돈	사용한 돈
○○ 매출 : ××원	○○비 : ××원
□□ 매출 : ××원	□□비 : ××원
△△ 매출 : ××원	월 세 : ××원
	급 여 : ××원

들어온 돈에서 사용한 돈을 뺐을 때 남은 돈이 있다면 그것을 이익이라 고 한다. 이익이 나면 흑자라고 하고, 손해가 나면 적자라고 한다.

문제1 타코야키를 노점에서 판매한다고 가정해 보자. 이때 '문어 가격, 밀가루 가격, 양파 가격, 타코야키 기기 대여비, 노상 임대료, 직원 급여'등의 총 비용 중, 타코야키 1인분을 만드는 데 드는 돈과 타코 야키를 만들지 않아도 드는 돈을 나누어 생각해 보자.

문제2 타코야키 1인분에 재료비가 약 3,000원, 판매가 4,500원이라 고 가정해 보자. 이때 손님이 사지 않아서 팔리지 않는다면, 손해 액이 3,000원일까? 4,500원일까?

계획 : 고객이 원하는 것에 맞추어 분명하게

장난감 블록을 가지고 놀아 본 경험이 있을 것이다. 아직도 집에 블록이 있다면 다섯 명 정도 친구를 모아 보자.

먼저 장난감 블록을 탑처럼 높이 쌓는다. 제한 시간은 일 분이다. 얼마나 높이 쌓을 수 있을까? 생각보다 쉽지 않을 것이다. 어떻게 하면 높이 쌓을 수 있을지 친구들과 논의한 다음, 각각의 역할을 분담한다. 그러고 나서 다시 시도해 보자. 혼자서 할 때보다 몇 배는 높이 쌓아 올릴 수 있을 것이다.

언제, 누가, 무엇을 할지 생각한다. 〉 실제로 해 본다. 〉 아무 문제가 없는지 확인한다.

이것이 바로 계획의 힘이다. 뭔가를 실행하려면 우선 필요한 것이 무엇인지 파악하고, 누가 무엇을 할지 분명하게 계획을 세워야 한다.

계획과 실제를 비교하면서 진행 상황이 순조로운지 확인한다. 혹시라도 문제가 있다면 계획을 수정한다.

조직 : 동료가 많아지면 더 많은 일을 할 수 있다

계획을 실행하려면 실제로 움직이는 사람들이 필요하다. 물론 '나'도 그중 한 명이다. 하지만 혼자서는 한계가 있다. 기다란 책상을 옮길 때를 생각해 보라. 혼자서는 힘들다. 동선을 파악하면서 각도를 가늠해야 한다. 어쩌면 책상을 세워서 들어야 할지도 모른다.

으, 생각만 해도 골치가 아프다. 그런데 친구와 둘이서 한다면 어떨까? 이것저것 잴 것도 없다. 그냥 둘이 양쪽을 들고 그대로 옮기면 된다.

혼자서는 하지 못하는 일도 둘이면 가능하다.
둘이서 못 하는 일도 셋이면 가능하다.
동료가 많아지면 더 많은 일을 할 수 있다.

이처럼 다른 사람과 협력하면 혼자 할 때보다 훨씬 더 효율적이다. 더구나 사람마다 일이 다르기에 각자 맡은 일에 집중하면 된다.

외부 사람들과 대화를 잘 나누는 사람이 대표를 맡고, 계산이 빠르고 정확한 사람이 돈을 다루는 회계를 맡고, 카피를 잘 쓰고 디자인을 잘하는 광고를 담당하는 식이다. 여러 사람을 모아서 각자의 특징을 파악한 뒤 거기에 맞추어 일을 배분한다. 그러기 위해 사업 목표를 공유하고, 그 목표를 이루기 위해 자유롭게 의사소통할 수 있어야 한다.

문제1 정전 등의 사고로 전화도 안 되고 이메일도 안 되는 상황에 처했다고 치자. 이럴 경우에는 친구와 어떻게 협력할 수 있을까?

문제2 조직에 참여하는 사람이 다섯 명에서 열 명, 다시 백 명으로 많아지면 어떤 문제가 발생할까?

정보 통신 기술 : 어떤 정보가 진짜일까?

우리는 방대한 양의 정보에 둘러싸여 있다. 텔레비전, 인터넷, SNS 등 정보의 홍수 속에서 살아간다. 머릿속에 있는 지식도 일종의 정보이며, 친구와 나누는 수다도 정보에 속한다.

요즘은 이러한 정보를 손쉽게 가공해서 주고받는 정보 통신 기술이 매우 발달했다. 정보 통신 기술은 영어 머리글자를 따서 IT 또는 ICT라고 하는데, 인터넷도 바로 정보 통신 기술에 속한다. 이러한 정보 통신 기술 덕에 누군가가 자기 생각을 인터넷에 기록하면, 그 정보가 순식간에 전 세계 사람들에게 전달된다.

가게를 열고 나서 인터넷에 홈페이지를 만들면 사람들이 보고 전국에서 찾아온다. 멀리 떨어진 사람에게 내 생각을 전하고, 내가 하는 일을 알리는 것도 쉬워졌다. 심지어 한 공간이 아니라도 같이 일할 수 있다.

정보 통신 기술은 정보를 가공하거나 주고받기가 쉽다.

요즘은 너무 많은 정보가 넘쳐나서 '어떤 정보에 주목할까', '어떤 정보가 진짜일까', '어떤 정보를 걸러야 할까'를 판별해야 한다. 사업을 할 때도 마찬가지다. 내가 보내는 정보가 다른 정보에 묻히지 않도록 세심하게 신경 써야 한다.

이노베이션 : 이제껏 본 적 없는 새로움을 만들다

다른 나라의 총리나 대통령 연설을 들으면, 이노베이션이라는 말이 자주 나온다. 그런데 이 말을 정확히 설명할 수 있는 사람은 많지 않다. 이노베이션이라는 용어는 아주 어렵다.

쉽게 예를 들어 보자. 카레와 우동을 처음 조합해서 카레 우동을 만든 사람을 가리켜 이노베이션을 일으켰다고 말한다. 그 전에는 카레 우동이 존재하지 않았기 때문이다.

이렇듯 이노베이션이란, '완전히 새로운 일을 만들어 내는 것'을 의미한다. 그렇다고 그저 단순히 새롭기만 해서는 안 된다. 거기서 가치를 느껴 기꺼이 돈을 지불하겠다는 사람이 있어야 한다. 새로운 제품과 서비스뿐만 아니라 새로운 재료나 새로운 조직, 새로운 생산 방식, 새로운 기술 개발 등이 필요하다.

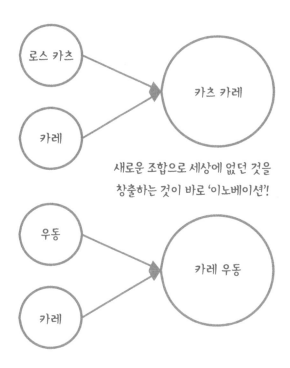

로스 카츠

카레

카츠 카레

새로운 조합으로 세상에 없던 것을
창출하는 것이 바로 '이노베이션'!

우동

카레

카레 우동

신품과는 또 다른 의미다. 아무리 신품이라도 기존에 있던 제품을 카피하는 건 이노베이션이 아니다. 이처럼 이노베이션은 경영에서 매우매우 중요하다.

문제1 지금은 당연히 있지만 십 년 전에는 존재하지 않았던 것을 찾아보자. 인터넷을 이용하거나 부모님이나 선생님에게 물어보자.

문제2 신품과 신제품은 어떻게 다를까?

브랜드 : '우리 제품'이라는 이름표

언제 먹어도 맛있고 모두가 좋아하는 감자칩이 있다고 가정하자. 그런데 그 감자칩이 투명한 과자 봉지에 들어 있다면 어떨까? 그 옆에 맛없는 감자칩도 나란히 있어서 구별하기가 어렵다면?

이는 제조사와 고객에게 모두 불행한 일이다. 신제품을 많이 내고 평가가 아무리 좋은 제조사라도 "이 제품은 우리가 만들었어요."라고 알리지 못한다면 고객은 선뜻 고르기가 어렵다.

제품에 이름을 붙여서 "우리 제품이에요."
하고 어필해야 한다.
옷에 달린 태그도 그중 하나다.

그래서 제품에는 반드시 이름이 있어야 한다. '우리 제품'이라는 로고를 인쇄하고 어떤 상품인지 드러나도록 포장을 해야 한다.

이것이 브랜드다. 꾸준히 노력하면 고객은 그 브랜드를 기억했다가 골라서 사게 된다. 언뜻 비슷해 보이는 가방인데도 브랜드가 유명하다는 이유로 가격에서 엄청나게 많은 차이가 나기도 한다.

문제1 평소 브랜드에는 신경 쓰지 않는 물건이 있는지 생각해 보자.

문제2 좋아하는 브랜드를 전부 적어 보고, 어떤 공통점이 있는지 생각해 보자.

입소문 : 입에서 입으로 전하는 소문

누구나 맛있는 레스토랑에 가면 친구에게 자랑하고 싶고, 그 점원의 태도가 맘에 들지 않거나 맛이 형편없으면 불평을 늘어놓게 된다. 브랜드도 마찬가지다. 우수한 브랜드라면 시간이 걸려도 반드시 많은 사람에게 소문처럼 전해진다. 이것을 입소문이라고 한다.

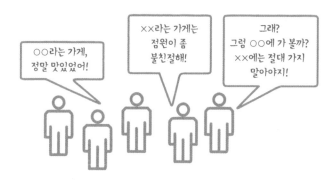

브랜드에는 좋다거나 나쁘거나 하는 평판이 따른다. 다만 요즘은 그 입

소문이 인터넷으로 빠르게 퍼지고 있어서 각별한 주의가 필요하다.

> **문제1** 누군가에게 추천을 받은 상품이나 장소가 있는지 떠올려 보자.
>
> **문제2** 인터넷에서 입소문이 빠르게 퍼지는 상황을 본 적이 있는지 생각
> 해 보자.

충성도 : 호감이 크면 지갑이 열린다

혹시 신작을 기다리는 게임이나 신간이 나오기를 바라는 만화가 있는
지……. 브랜드가 세상에 알려지면 그 브랜드를 선호하는 팬이 생긴다.
이처럼 팬이 있어서 그 제품과 서비스를 또 사고 싶다고 생각하는 것을
브랜드 충성도라고 한다.

같은 제품을 계속 구매하는 고객을
가리켜 '충성도가 높다'고 한다.

브랜드 충성도가 쌓이면 회사와 조직은 일단 마음이 놓인다. 하지만 브

랜드 충성도는 순식간에 무너질 수도 있다. 예를 들어, 신규 고객을 유치하려고 대상을 한정하는 할인을 기획한다면? 전부터 제품과 서비스를 구매하던 단골들은 마음이 돌아설 수 있다. 그렇다고 단골 고객만 생각하다가 새로운 도전을 하지 못하는 것 또한 문제다.

두 가지 가능성을 비교한 뒤 자신이 옳다고 믿는 대로 하자.

문제1 '가게를 항상 찾아 주는 단골이 가장 중요하다'는 사장과 '신규 고객을 계속 유입하는 것이 더 중요하다'는 사장이 있다. 누구 말이 더 옳을까?

문제2 한번 잃은 브랜드 충성도를 되찾을 방법이 있을까?

비전 : 회사가 성장할 수 있는 동력

지금쯤이면 눈치를 챘을까? 《십 대를 위한 경영 노트》는 각 편마다 열한 장씩 구성되어 있다. 왜 열한 장이냐고? 그건 열 손가락에다 가장 중요한 한 가지를 더했기 때문이다. 그게 서로 무슨 상관이 있는지 궁금할 것이다.

사람은 손가락 개수랑 비슷하게, 보통 한 번에 열 개까지 대체로 기억

한다. 전화번호가 열 자리 언저리, 즉 열한 자리인 것도 결코 우연이 아니다. 만약에 전화번호가 6050-0030302002907635-726858563이라면 절대로 외우지 못할 것이다.

열한 번째 키워드를 알려 주려다가 괜스레 설명이 길어졌다. 그래서 이번 장에서 가장 중요한 키워드는 뭐라고? 바로 비전이다. 조금은 다른 의미이긴 하지만 비전이라는 말이 어렵다면 일단 '꿈'이라고 해 두자.

누구나 꿈이 있을까? '부자가 되고 싶다', '연예인이 되고 싶다', '친구들에게 인기가 많았으면 좋겠다', '이담에 커서 유명해지고 싶다'와 같은 바람을 꿈이라고 해야 할까? 결론부터 말하면 그건 욕망이지 진짜 꿈은 아니다.

비전은 '나는 세상을 위해 무엇을 하고 싶은가', '나는 인간으로 태어나서 하고 싶은 게 무엇인가'를 분명하게 설정하는 일이다. 하지만 자신의 의지로 태어난 것이 아니라서 비전이 없다는 사람도 있다.

비전이 있어야 모두 열심히 일한다.
그래야 회사가 성장한다.

회사나 조직은 사람이 어떤 목적을 위해서 만드는 것이다. 그래서 어떤 목적으로 만드는지를 명확하게 밝힐 필요가 있다. 그렇지 않으면 아무도 그 회사나 조직에 참여하고 싶어 하지 않는다. 비전 없는 회사는 문을 닫을 수밖에 없다.

비전이 있기에 회사가 추구하는 제품을 함께 개발할 수 있고, 또 그 비전을 믿기에 투자자는 주주가 된다. 또, 대표 이사와 직원이 모두 같이 노력할 수 있는 것이다.

그러므로 사업을 지속하려면 비전이 절대적으로 중요하다.

문제1 비전은 회사에 따라 '기업 이념'이라고도 부른다. 내가 가장 좋아하는 과자를 제조하는 회사를 선택해서 그 회사의 비전과 경영 이념을 조사해 보자.

문제2 회사가 오로지 돈을 많이 벌자는 비전을 내건다면 어떤 문제가 발생할까?

3 이제 나도 어엿한 사장!

이제까지 사업을 하려면 성립되려면 무엇이 필요한지 배웠고, 나아가 사업을 지속하려면 어떤 지식이 필요한지 확인했다. 여기까지는 우리에 대한 이야기였다. 실제로 사업이 커지면 경쟁 업체가 등장한다. 나와 비슷한 사업을 이미 하고 있는 회사가 있을 수도 있고, 그 회사가 후발 주자인 우리 회사를 흉내 내는 일도 있다. 이를 벤치마킹이라고 한다.

그런데 흉내를 내는 것이 과연 비열한 행위일까? 사업으로 엮인다고 해서 모두 친구는 아니다. 심지어 상대를 망가뜨리려는 사람도 있다. 그러므로 경쟁 업체가 등장했다고 해서 놀라지 말자. 차라리 어떻게 승리할 수 있을지 생각하는 게 낫다.

전략 : 경쟁에서 이기는 방법

식당에 가면 가끔 음식을 직접 자리로 가져와야 하는 가게가 있다. 흔히 셀프서비스라고 부르는 방식이다. 셀프서비스를 하는 가게에는 서빙하는 점원이 없다. 그래서 물이나 반찬도 손수 가져와야 한다. 대신 먹고 싶은 만큼 가져올 수 있고, 가격도 조금 저렴한 편이다.

이것이 여느 가게와 다른 시도를 해서 경쟁을 피한 전략의 사례다. 경쟁하기 위해 이런저런 궁리를 하는 것을 전략이라고 한다.

무엇을 할지 정한 다음에는 '무엇을 하지 않을지' 정하자.

경쟁자를 알고, 나 자신을 알고, 세상을 알아야 한다. 그다음에는 어떻게 해야 돈을 벌지를 알아야 한다. 물론 돈을 많이 버는 것만이 전부는 아니다. 그런데 돈을 벌지 못하면 사업을 지속할 수가 없다.

전략은 나와 경쟁자, 그리고 세상을 잘 아는 것에서 시작한다. 그다음은 어떠한 제품과 서비스를 제공해야 경쟁자를 이길지 생각한다. 그리고 그 제품과 서비스를 어떻게 판매해야 할지 고민하고 방법을 찾는다.

이때 중요한 것은 경쟁을 피할 수 있다면 피하는 것이 가장 근사한 전략이라는 점이다. 다른 사람이 착안하지 못하는 제품을 아무도 생각하지 못하는 방법으로 파는 것이 최고의 전략이긴 하겠지만, 그러기 위해서는 '무엇을 할까'가 아니라 '무엇을 하지 않을까'를 생각해야 한다.

경쟁자가 하는 일을 굳이 따라 할 필요는 없다. 대신 대체할 만한 핵심 전략을 꼭 찾아야 한다.

문제1 일상생활에서 경쟁을 잘 피한 경험이 있는지 생각해 보자.

문제2 아직 아무도 차리지 않았을 것 같은, 세상에 단 하나뿐인 식당을 상상해 보자.

경쟁자 : 이해하면 이긴다

〈대부호〉라는 카드 게임(앞사람보다 강한 카드를 내서 소지한 카드를 가장 빨리 없앤 사람이 승리한다. ─옮긴이)을 혹시 해 본 적이 있는가?

이 게임에서 강해지는 요령은 내가 아닌 다른 사람이 사용한 카드를 기억하는 것이다. 상대가 어떤 패를 가지고 있는지, 강한 카드를 얼마나 가지고 있는지, 어떤 방법으로 위로 올라가려고 하는지, 조커가 있는지, 페어(등급이 같은 카드—옮긴이)가 있는지 등등이다. 그런 걸 유념하면서 게임한다. 그리고 나서 내가 가진 카드로 이길 방법을 생각한다. 그러면 패할 확률이 낮다.

경쟁자의 머릿속을 상상해 보자.

사업도 마찬가지다. 상대방을 이해하면 경쟁에서 이길 확률이 높아진다. 라이벌을 잘 알려면 그 경쟁자의 규모와 주특기, 주로 찾는 수요층 등을 조사하면 된다.

문제1 좋아하는 가게의 경쟁 업체를 추려 보고, 가격이나 주요 제품을 비교해 보자.

문제2 택시 회사의 경쟁 상대는 다른 택시 회사뿐일까?

세그먼테이션 : 작게, 더 작게 쪼개라!

소년 만화 잡지에서 화장품을 광고한다고 해서 막대한 효과를 보기는 어렵다. 물론 남자아이도 바를 수 있는 화장품 세트라면 이야기가 조금 달라지겠지만.

사업을 할 때는 고객의 성별과 나이, 사는 곳, 성격, 직업 등으로 분류해 두어야 한다. 경쟁 상대와 겨루어서 이기려면 내 고객이 누구인지 분명하게 정해야 한다. 고객이 어떤 사람인지 전혀 파악하지 못한다면, 판매나 광고를 하는 과정에서 불필요한 일들이 생길 수 있다.

이처럼 고객을 분류하는 것을 세그먼테이션이라고 한다. 세그먼테이션은 '분할'이라는 뜻이다. 부분부분 나누는 것, 즉 세분화한다는 뜻이다.

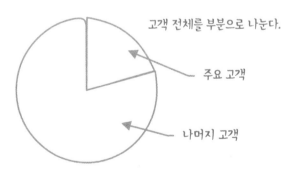

지구상에 사는 모든 사람을 위한 제품이라고 하면 너무나 광범위하다.

그래서 대상을 잘게 쪼개는 것이다. 예를 들어, 마당이 넓은 시골에 사는 일흔 살 넘은 사람에게 사과나무 묘목을 판매하겠다는 식이다. 그러면 그런 대상들이 주로 읽는 지역 신문에 광고를 싣는다든지, 광고지를 끼워 넣어 보낸다든지 하는 방법을 강구해 볼 수 있다.

세그먼테이션은 전략의 첫걸음이다.

문제1 편의점에서 파는 작은 크기의 컵라면은 누구를 위한 상품일까?

문제2 어떤 기준을 설정한 뒤, 반 친구들을 넷으로 분류해 보자. 혹시라도 친구가 상처받을 수 있는 방식은 제외한다.

타기팅 : 누구를 고객으로 삼을까?

대상을 세분화하는 작업, 즉 세그먼테이션이 끝나면 누구를 고객으로 삼을지를 정한다. 이것을 타기팅이라고 한다.

목표가 되는 타깃을 결정하는 것이 바로 타기팅이다. 타깃을 결정하고 나서 어떤 제품과 서비스로 만들지 정한다. 꼭 만들고 싶은 제품과 서비스에 맞춰서 타깃을 정해도 된다. 다만, 타깃이 정말 그 제품을 원하는지, 또 매출 반응이 어떠한지 조사하면서 조금씩 수정해 나간다.

타깃을 정한다.

주요 고객

예를 들어, 여자아이 대상으로 만든 게임이 남자아이에게도 인기가 있을 수 있다. 그러면 양쪽 다 구매하기 쉽게 포장을 두 종류로 하거나 남자아이들에게 인기 있을 듯한 캐릭터를 추가한다.

문제1 학원과 과외는 어떻게 다를까? 각각 어떤 사람이 타깃인지 알아보자.

문제2 약국에서 판매하는 땀 억제제는 원래 타깃이 젊은 남성 직장인이었다가, 점차 여고생으로 바뀌었다고 한다. 이런 사례가 또 있는지 조사해 보자.

포지셔닝 : 고객이 원하는 위치를 선점한다

양복 하나만 봐도 멋을 중시하는 가게가 있고, 착용감을 중시하는 가게가 있다. 어떤 걸 더 중요하게 보는지는 소비자의 결정에 달렸다. 예를 들면 멋, 저렴한 가격, 수선의 용이성, 편리한 구매 중 무엇을 더 중시하는지 살피는 것이다.

사업을 할 때는 어느 제품을, 어떤 가게에서, 어떻게 판매하고, 어떤 방식으로 광고할지 결정한다. 타깃을 정하고 나면 그에 맞게 제품을 만들어서 판매한다. 하지만 무턱대고 열심히 한다고 해서 그 노력을 모두 보상받을 수 있는 건 아니다.

앞서 예를 든 양복처럼 세세하게 맞추어서 설정한다. 어떠한 입장이나 위치, 즉 포지션을 취하느냐는 뜻으로 이를 포지셔닝이라고 한다. 앞서 타깃을 타기팅이라고 한 것처럼, 포지션을 포지셔닝으로 부른다.

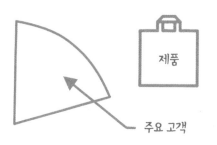

'포지셔닝'은
경쟁 업체를 의식하면서
타깃을 설정하고
어떤 제품을 얼마의 가격에
어느 가게에서 어떤 방식으로
팔지 생각하는 것!

다만, 내가 생각하는 포지셔닝과 소비자가 보는 포지셔닝은 다를 수 있다. 그래서 끊임없이 고객의 의견에 귀를 기울이면서 포지셔닝을 정확하게 설정했는지 조사해야 한다.

문제1 서점은 저마다 어떤 포지셔닝을 지니고 있을까? 색다른 서점도 있는
지 한번 조사해 보자.

문제2 내가 생각하는 나의 모습과 친구가 바라보는 나의 모습은 어떻게
다른지 서로 이야기해 보자.

비용 : 많이 만들수록 단가가 내려간다

제품과 서비스에는 당연히 가격이 붙어 있다. 그 가격의 이면에는 제품
과 서비스에 든 비용도 있다. 경제 용어로 코스트라고도 한다. 예를 들면,
타코야키 노점상을 그만두려는 사람에게서 월 100만 원에 가게를 통째로
빌렸다고 가정하자. 창고에 가득한 재료도 자연히 따라왔다.

이때 한 달에 타코야키를 두 개만 만든다면, 비용은 개당 50만 원이 된
다. 그런데 한 달에 만 개를 만들면 어떻게 될까? 타코야키 가격이 개당
100원으로 떨어진다.

이리저리 궁리하면 비용을 낮출 수 있다.

이처럼 제품을 얼마나 만들고 판매되는지에 따라서 비용도 달라진다. 그래서 언뜻 가격이 비슷해 보이는 제품이라도 만드는 회사에 따라 내부에서 드는 비용에는 차이가 크게 날 수도 있다.

이익은 판매액에서 비용을 제한 금액이다. 같은 가격으로 제품을 팔아도 비용이 적게 들면 이익이 증가한다. 또 가격을 인하할 여유도 생긴다. 얼마만큼 내리느냐에 따라 경쟁 상대를 몰아낼 수도 있다.

그러면 어떻게 해야 비용을 낮출 수 있을까?

아까 설명했듯이, 같은 제품을 많이 만드는 방법이 있다. 제품에는 재료비에다가 임대료와 임금 등 고정적으로 드는 돈, 즉 고정 비용이 포함되어 있다.

고정 비용이라는 것은 말 그대로 변하지 않는 돈이다. 제품을 적게 만들든 많이 만들든, 반드시 그만큼 나가는 돈이기에 제품을 많이 만들수록 단가가 낮아지는 것이다. 이해하기가 조금 어려우려나?

그럼 타코야키 노점상의 사례를 다시 읽어 보자. 이걸 '규모의 경제'라고 하는데, 생산량이 늘어남에 따라 평균 비용이 줄어드는 현상을 일컫는다. 단가를 낮추는 가장 간단한 방법이다.

그 밖에도 물건을 재활용하거나 제품을 만드는 속도를 높여도 비용을 낮추는 효과가 있다.

차별화 : 남들과는 다른 전략으로!

내가 좋아하는 이성에게 경쟁 상대가 예쁜 꽃 한 송이를 보냈다고 해 보자. 물론 꽃을 받은 이성이 기뻐한다는 가정하에서다. 마음이 점점 초조해지는데 어떻게 하면 좋을까?

경쟁 상대보다
더 큰 꽃다발을 보낸다?

아름다운 경치가
보이는 곳에 함께 간다?

장미꽃 백 송이를 준다? 땡! 시간이 지나면 시들기 때문에 그대로 버려지기 십상이다. 아니면 예쁜 조개껍데기는 어떨까? 혹은 사람들의 발길이 닿지 않는 아름다운 명소를 알려 준다면? 혹시 고양이를 좋아하는 이

성이라면 귀여운 고양이가 많이 모이는 장소에 함께 가 보는 것도 좋은 전략일 수 있겠다.

이러한 발상이 바로 차별화다. 경쟁 상대와 다른 행동을 해서 차이를 두는 것을 가리킨다. 경제 용어에서는 차별이 결코 나쁜 의미가 아니다. 고객이 '이 회사 제품은 다른 제품과 다르다'라고 생각하게 하는 것을 차별화라고 부른다.

예를 들면, 품질 향상도 차별화에 속한다. 좀 더 고급인 소재를 사용한다거나 구매 후에도 애프터서비스가 좋다거나 고장 후에 리콜을 해 주는 것도 차별화이다.

그 밖에도 상품 디자인을 멋있게 하거나 더 튼튼하게 만들거나 로고가 눈에 띄게 하는 것도 고려할 만하다.

일반적으로 차별화를 하면 비용이 올라간다고 생각하기 십상이다. 하지만 오히려 비용 절감이 될 수도 있다. 품질이 향상되면 불량품이 감소되어 폐기할 제품이 줄어든다. 또 회사에서는 완성된 제품을 검수해서 불량품이 고객에게 전해지지 않게 할 수 있다.

불량품이 생기면 폐기하는 데 비용이 든다. 그러므로 불량품이 나오지 않을 정도로 품질이 향상되면 차별화가 실행될 수 있을 뿐만 아니라, 불량품을 폐기하는 비용도 들지 않아서 일석이조다.

틈새 : 아주 작은 시장을 포착하라

같은 컴퓨터라도 게임용 컴퓨터나 게임용 의자 등 특정 고객을 대상으로 하는 제품이 있다. 이를 틈새라고 한다. 경제 용어로 '니치 상품'이라고도 하는데, 이런 틈새에 있는 고객을 틈새시장이라고 한다.

아직 경쟁 상대가 타깃으로 삼지 않은 고객이다. 그래서 경쟁이 치열하지는 않다. 어쨌든 모두 틈새를 찾으려고 노력한다.

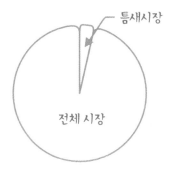

틈새시장

전체 시장

남들이 알아차리기 어려운 수요를 한발 먼저 알아챔으로써 이 틈새를 차지할 수 있다. 그리고 처음에는 틈새였던 시장이 점점 커지면서 고객 수가 증가하기도 한다. 그러면 더 이상 틈새가 아니다.

문제1 주변에 틈새 제품이 있는지 찾아보자.

문제2 틈새 스포츠에는 어떤 것이 있을까?

아웃소싱 : 내가 다 할 수 없다면?

누구나 잘하는 일과 못하는 일이 있다. 국어를 잘하는 사람이 있으면 수학을 잘하는 사람이 있다. 회사에서도 마찬가지다. 잘하는 일과 못하는 일이 있다. 그러면 잘 못하는 일은 그만두고 잘하는 일에 집중하는 편이 낫다. 그것이 훨씬 이득이다.

못하는 일은
다른 회사에 부탁한다.

다른 회사가
맡아서 처리한다.

경영 효과나 효율의 극대화를 위해 제삼자에게 위탁해 처리하는 방식을 아웃소싱이라고 한다. 아웃은 바깥, 외부라는 의미다. 소싱은 조달을 뜻한다. 쉽게 말해, 회사가 아닌 외부에 협조를 요청해서 조달하는 걸 가리킨다.

조금 어렵다고? 쉽게 말해 외주다. 외주란 외부에 주문하는 것을 말한다. 그동안 직접 하던 생산 일부를 다른 회사에 부탁해도 아웃소싱이라고 한다. 회계든 마케팅이든, 그동안 내부에서 해내던 일을 다른 회사에 비용을 지불하면서 부탁하는 행위가 아웃소싱인 셈이다.

예를 들어, 광고는 잘하지만 회계는 잘 못하는 회사가 있다고 가정하자. 회계를 어려워하던 그 회사가 알고 보니 광고에 드는 비용을 잘 계산하는 거다. 그래서 안심하고 광고를 잘 만들었을 수도 있다.

또 아웃소싱을 하면 그 일에 관한 지식이 회사에서 사라질 수도 있다.

이처럼 여러 가지 사항을 고려하면서 아웃소싱 여부를 신중하게 결정하고, 회사가 잘하는 일은 더 잘할 수 있도록 만들어야 한다.

문제1 내가 잘하는 일과 못하는 일을 하나씩 꼽아 본 뒤, 내가 잘 못하는 일을 대신 해 주는 서비스가 있는지 조사해 보자.

문제2 다른 회사에 고의로 아웃소싱함으로써 발생할 수 있는 문제는 무엇일까?

실패 : 좋은 실패와 나쁜 실패

'실패는 성공의 어머니'라는 말이 있다. 사업에서도 실패는 항상 따라다닌다. 나중에 크게 성공한 사업도 그 전까지는 많은 실패를 거친다.

물론 무턱대고 실패를 반복한다고 해서 성공하지는 않는다. 실패에는 '좋은 실패'와 '나쁜 실패'가 있다. 좋은 실패는 '남는 것이 있는 실패'다. 사람이 남고, 돈이 남고, 기술이 남고, 지식이 남고, 경험이 남는다.

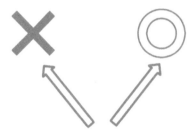

어느 쪽으로 가야 옳은 길인지 알게 되는 것은 결국 '좋은 실패'!

다음 도전에 활용할 수 있는 것이 남았을 때는 좋은 실패다. 그림 그리는 순간을 떠올려 보자. 오로지 그림 그리는 데만 집중해서는 실력이 늘지 않는다. 하지만 잘 그려지지 않는 원인을 생각하면서 그림을 그리면 실패하더라도 여러 가지 지식을 얻을 수 있다.

예를 들어, '세 가지 색 이상을 섞으면 지저분한 색이 된다', '가까운 곳에 있는 것은 크게, 멀리 있는 것은 작게 그리면 원근감이 잘 표현된다',

'처음부터 물감으로 그리기보다는 연필로 먼저 밑그림을 그리면 수정하기가 수월하다' 등 깨달음이 남는다.

새로운 도전을 할 때는 성공하기까지의 과정, 작전, 전략 등을 꼼꼼하게 세운다. 그래도 실패했을 경우에는 그 원인을 알아내는 것이 중요하다. 그렇게 하면 잘 실패하게 되므로 언젠가 반드시 성공할 수 있다.

문제1 그동안 나에게 '좋은 실패'로는 어떤 것이 있었는지 떠올려 보자.

문제2 '남은 게 없었던 나쁜 실패'에는 어떤 것이 있었는지 알아보고, 그것을 좋은 실패로 바꾸려면 어떻게 해야 하는지 생각해 보자.

열정 : 경영의 출발점은 열정이다

마지막이다. 마침내 《십 대를 위한 경영 노트》도 마칠 때가 되었다. 지금까지 많은 것을 배웠다. 이제 가장 중요한 것을 설명한 뒤에 마치려고 한다.

가장 중요한 마지막 한 가지는 열정이다. '지능 지수'라는 말을 들은 적이 있을 것이다. IQ라고도 한다. 머리가 좋고 나쁨을 나타내는 수치다. 이 지능 지수라는 수치를 고안해 낸 비네라는 사람은 다음 세 가지가 곱해진 셈이라고 말했다.

첫 번째는 논리적 사고력이다. 이 능력은 수학 문제를 풀거나 퀴즈를 푸는 것과 유사하다. 말 그대로 논리적으로 생각할 수 있는 능력을 말한다.

두 번째는 언어 능력이다. 논리적으로 생각해도 제대로 설명해 내지 못하면 남들을 평가할 수가 없다. 자기 머릿속에서만 뛰어나서도 안 된다는 뜻이다.

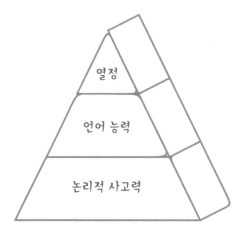

그리고 마지막으로 가장 중요한 것은 무엇일까? 바로 열정이다. 논리적 사고력이 뛰어나고, 언어 능력이 제아무리 좋아도, 그 능력을 사용해서 남에게 전하려는 마음, 즉 무엇을 하려는 마음이 없으면 아무것도 나오지 않는다. 수학이나 국어 공부에 시간을 들이면 성적이 오르듯이, 논리적 사고력과 언어 능력도 노력을 하면 얼마든지 단련할 수 있다.

하지만 열정은 다르다. 열정은 '있느냐, 없느냐'로 끝난다. 열정은 결코 단련되지 않는다. 다만, 불을 지필 수는 있다.

혹시 나에게 열정이 있는지 없는지 몰라서 불안해하지 않아도 된다. 여기까지 잘 따라왔다면 이미 마음에는 불이 켜진 것이니까. 그렇지 않으면 학교에서 배우지 않는 이 책을 끝까지 읽지 못했을 것이다. 끝까지 읽었다는 사실 자체만으로도 열정의 불이 타기 시작했다는 증거다.

경영도 마찬가지다. 지금까지 배운 내용으로, 최소한의 경영 공부는 끝났다. 더 필요한 게 있다면 조사를 하거나 주변에 묻거나 이 책을 다시 읽으면 된다.

경영을 공부할 수 있는 학교도 많이 있다. 다만 열정이 없다면, 아무리 기술이 있고 지식이 있더라도 제대로 된 회사가 탄생하기는 어렵다. 열정이 없으면 아무 의미가 없다. 이 말은 아무리 반복해도 과하지 않다.

경영의 출발점은 열정이다.

문제1 언젠가 투자자, 대표 이사, 직원 등으로 사업에 직접 관여하게 된다면, 나는 어떤 일을 하고 싶은지 진지하게 생각해 보자.

문제2 결국 경영이란 무엇일까? 나만의 답을 찾아 차분하게 그려 보자.

우리들의 방과 후 주식회사

첫판 1쇄 펴낸날 2025년 1월 31일

지은이 이와오 슌페이　**옮긴이** 김윤수
펴낸이 박창희
편집 백다혜　**디자인** 배한재
마케팅 박진호 최은경　**회계** 양여진 김주연

펴낸곳 (주)라임
출판등록 2013년 8월 8일 제2013-000091호
주소 경기도 파주시 심학산로 10, 우편번호 10881
전화 031) 955-9020(주문). 031) 955-9023(마케팅)
　　　031) 955-9021(편집)
팩스 031) 955-9022
이메일 lime@limebook.co.kr　**인스타그램** @lime_pub
홈페이지 www.prunsoop.co.kr

ⓒ라임, 2025
ISBN 979-11-94028-35-2　44320
　　　979-11-951893-8-0　(세트)